英语阅读与教学方法探索

张 琦 李 静 吕云鹤◎著

线装書局

图书在版编目（CIP）数据

英语阅读与教学方法探索/张琦，李静，吕云鹤
著.--北京:线装书局,2023.6
ISBN 978-7-5120-5505-6

Ⅰ.①英… Ⅱ.①张… ②李… ③吕… Ⅲ.①英
语－阅读教学－教学研究 Ⅳ.①H319.37

中国国家版本馆 CIP 数据核字(2023)第 112437 号

英语阅读与教学方法探索
YINGYU YUEDU YU JIAOXUE FANGFA TANSUO

作　　者：张　琦　李　静　吕云鹤
责任编辑：林　菲
出版发行：线裝書局
　　　　　地　　址：北京市丰台区方庄日月天地大厦 B 座 17 层（100078）
　　　　　电　　话：010-58077126（发行部）010-58076938（总编室）
　　　　　网　　址：www.zgxzsj.com
经　　销：新华书店
印　　制：北京四海锦诚印刷技术有限公司
开　　本：787mm×1092mm　　1/16
印　　张：10.5
字　　数：202 千字
版　　次：2023 年 6 月第 1 版第 1 次印刷
定　　价：78.00 元

线装书局官方微信

前　言

近年来随着经济全球化的不断发展，我国与世界的交往不断深入，社会各界对英语人才的需求越来越多，对英语素质的要求也越来越高。

阅读是获取信息的主要手段，提高阅读能力是英语学习的重要目的和任务之一。因而英语阅读教学一直是英语教学中的重中之重，其目的在于培养学生的英语学习兴趣，拓宽他们的阅读视野，切实有效地培养和提高他们的英语阅读能力及综合运用语言的能力。阅读是英语教学的重要组成部分，通过有效的阅读教学，不仅可以提高学生的读写能力，而且可以大大地提高听说能力，使他们在今后学习、工作和社会交往中能用英语有效地进行交际。英语阅读教学是英语教学听、说、读、写、译五个环节中的重要一环。它是学生获得知识、积累词汇、熟悉句式、培养书面表达能力的重要途径，也是学生运用英语获取信息的重要渠道。

本书主要研究英语阅读与教学，本书首先从英语教学入手，针对英语阅读与教学、英语阅读的影响因素进行了分析研究；另外对支架式教学模式、小组合作教学模式、思维导图支持下的英语阅读做了一定的阐述；也对英语阅读教学与翻转课堂的结合作了一定的介绍；最后对英语阅读的有效教学评价与教师发展提出了一些意见，旨在摸索出一条适合英语阅读与教学研究的科学道路，帮助相关工作者在应用中少走弯路，运用科学方法，提高效率。本书论述严谨，结构合理，条理清晰，内容丰富新颖，具有前瞻性，其不仅能够为英语阅读教学提供翔实的理论知识，同时能为当前的英语阅读相关理论的深入研究提供借鉴。

在本书的策划和写作过程中，作者曾参阅了国内外有关的大量文献和资料，从其中得到启示；同时也得到了有关领导、同事、朋友及学生的大力支持与帮助。在此致以衷心的感谢！但由于作者学识水平和时间所限，本书还有一些不尽如人意的地方，敬请同行专家及读者指正，以便进一步完善提高。

目　录

第一章　英语教学

第一节　英语教学概论

一、英语教学的内涵

（一）英语教学的概念理解

1. 教学的概念

在了解英语教学的内涵之前，首先需要对教学这一概念进行了解和掌握。由于对教学的关注点不同，不同学者的定义也有所差异。

"教学"应该包含两个层面的关系：①教与学是一种并列的关系；②教学是一种教授学习的使动关系。从两个角度出发，能够看出教学的辩证关系和双向关系。教与学是息息相关的，教应该以学为基础，从学的角度出发，并以学为目标。教的规律和学的规律在一定程度上是统一的。

《现代汉语词典》给出的教学的定义是教师把知识、技能传授给学生的过程。该定义是一种狭义的理解，把"教学"当作一个术语来理解。

《朗文词典》将 teaching 定义为 "work, or profession of a teacher"，也就是教书、教学的意思。此外，它还对 teachings 进行了阐述，即 "that which are taught, esp. the moral, political, religious beliefs taught by a person of historical importance"，也就是"教导、学说、教义"的意思。可见，teaching 与 teachings 是两个完全不同的概念。但是，这两个定义都没有全面覆盖"教学"的真正含义。

综合上述关于教学的定义，教学应该包含三层含义，即：教学（teaching）；"教"与"学"（teaching and learning）；教如何学习（teaching how to learn）。

2. 英语教学的概念

英语教学是语言教学的重要组成部分，是在教学原则指导下解决问题的职业活动，它的成功在于理论的正确指导，教师采用适当的教学手段。英语教学包含两个方面——教学活动和方法探索，落脚点是"改善教学效果"，而"探索教学方法"是为了"提高教学质量"。然而事实上，这两个方面并不是英语教学活动的全部内容。英语教学活动的整个过程是一个教育过程，涉及教学质量和方法之外的很多因素，如英语与母语，英语与社会文化、历史传统、民族认同乃至国家利益之间的关系等。

同时，英语教学是一项系统工程，具有自身的系统性。它既受语言教学和语言习得规律的支配，又受外语教学和外语学习规律的影响；既受教师和学生本身主观条件的制约，又受众多客观条件的局限。它不仅是对语言理论和学习理论的理解和应用，还是对心理学、教育学、跨文化交际学等理论的理解和应用。这些不仅是英语教育政策制定者必须关注的重要问题，也是英语学者必须深入研究的课题，更是英语教师必须注意的实际问题。

3. 英语教学的本质

英语教学不仅仅是一种语言教学，同时也是一种文化教学。下面对这两个方面进行分析。

（1）英语教学是一种语言教学。

英语是一种重要的国家交际语言，因此对其的教学便是一种语言教学。语言教学的目的是培养学生使用语言的能力。对于中国人来说，英语作为第二语言，是一门外语，英语教学也就是外语教学。从人类外语教学的发展历史来看，外语教学离不开外语知识教学，以外语知识为基础的外语教学有利于培养学生的外语能力。因此，英语教学作为语言教学，其本质应该是培养学生综合运用英语的能力。

（2）英语教学是一种文化教学。

文化孕育语言，语言反映文化，二者有着密切的联系。在进行英语教学的过程中，不仅需要学生了解基本的语言知识，同时也需要培养和提高其英语思维能力，从而便于日后的语言使用。从这个意义上说，英语教学也是一种文化教学。

（二）英语教学特点及教学活动

1. 英语教学特点

（1）一个发展中的学科。

作为高等教育学科建设和教学对象的英语教学，是一个正在发展中的学科。作为教育科学研究项目的教学，也是这样。首先，英语教学体系还不够完整，国内外的各种普通教学书和外语教学书，在结构和内容上都有较大差别，目前尚未形成一个相对统一的框架和相对稳定的基本内容。其次，名词术语还有待统一。例如，在学科范围之内，口语和口头、技能和能力、练习和实践等重要名词术语的使用，常常代表同一概念而不加以区分。

另外，在内容安排上，种属概念不分，不同层次的问题被放在一起，把适用于各科教学的教学原则（如以学生为主体或以学生为中心的原则），同时适用于英语教学的教学原则（如交际性原则）放在同一层次上并列论述。值得注意的是，不同学科在理论上尚未形成一个严格的演绎系统，在教学的研究法上，演绎法就显得过于薄弱。因此，在国内出版的外语教学书中，外语教学主要流（学）派，有时排在前面，有时排在后面。

英语教学是发展中的学科，这既是其弱点，也是其长处。既然是发展中的学科，在学科建设上保守性自然就少，在本学科内实现百家争鸣，百花齐放，就更容易，也便于广泛吸收其他学科的研究成果。同时，也有利于青年人在本学科内较快地崭露头角，后来居上。每一位青年英语教师，都不应放过在英语教学学科建设中大显身手的机会。

（2）实践性很强的理论学科。

英语教学实践性很强。这门学科必须对英语教学的实践有指导作用，并使学习和研究本学科的人受到实践训练，系统地学到开展英语教学工作的技能，然而英语教学学科绝非应用技术之学。它对实践的指导，首先是战略上的、决策性的和方向性的。它着眼于教师的认知水平、理论水平、整体修养和素质的提高，使教师把英语教学作为科研对象，作为事业的追求目标。它所倡导的教学方法是从人出发，而不是从物出发的，教师乐教带动学生乐学，化教的活动为学的活动，在教人之中教外语。

英语教学学科不仅仅是关于方法的学问，更是关于做人的学问，其核心是人生观问题、宇宙观问题、哲学问题。所以说这是一门理论学科。当前，英语教学学科的实际理论水平与应有的理论水平差距极大，这是本门学科建设的最大问题。

英语教学学科要面向实际，解决实际问题。而现实是五光十色的，问题是错综复杂的。作为科学形态的教学不是头痛医头、脚痛医脚的处方汇集，不是丸、散、膏、丹的用法说明。它所关注的首先是外语教学实际存在的本质问题。例如，教师本人对教师工作性质认识肤浅的问题，教师教而不学和学而不用的问题，只教语言知识、不教学习方法的问题，轻视理论研究和学习的问题，等等。就以常见的英语课堂纪律来说，这实际上是一个人际关系问题。英语教师不懂学生的心理，不理解学生，不尊重学生，而期望课堂教学秩序良好，岂非缘木求鱼之想？

教师要成为一名合格的教师。这是每位英语教师，尤其是青年教师必须达到的目标。这是一个身体力行的实践问题，又是一个认识不断深化的理论修养问题。

完善的教学学科应把实践中的各种问题置于理论层面上进行研究，总体解决。理论使问题简化，使方法简化，易于解决，所以理论是有实践意义的。承认英语教学学科的理论性，本学科才更有学习、研究和发展的价值。

（3）似易而实难的学科。

由于英语教学是发展中的、多边缘的、实践性很强的理论学科，所以它是一个似易而实难的学科。这门学科的教学、研究、学习和著述，都有相当大的难度。难在何处？

一是涉及面广。哲学、教育学、心理学、语言学、社会学等无所不包。

二是时限长。教学修养难以一蹴而就。要获取全面的理论知识，积累一定的实践经验，并融合为自己的观点和方法体系，需要相当长时间的刻意修炼。

三是独立性差。英语教学学科易受语言学、心理学等相邻学科的影响，有时造成冲击，干扰了本学科的独立发展。

种种难处都要求我们在英语教学学科的研究和学习中突出教学的学科建设方法。

2. 英语教学活动

不同的教学方法可以采用不同的教学活动来达到其教学目的。不同的教学活动也可以成为区别不同教学方法的依据。通常可以观察到的教学活动包括课文朗读、句子翻译、课文大意译述、对话、问答、句型操练、对指令的反应、信息交流、角色扮演、用语言来解决问题和课文内容复述等。当然，不同的教学方法会采用不同形式的教学活动，这也与教学理论有关。

但在采用不同的教学方法时，也有可能采用同样的教学活动和形式。当然，这些活动的采用可以为不同的教学目标服务。例如，在听说法和交际法中都会使用句型操练这一教学活动。但句型操练在听说法里是教学中最中心的活动形式，而在交际法中，它是为交际做准备的一种活动。因此，同一种教学活动可以为不同的教学目的而出现，应用于不同的教学过程中。

（三）英语教学的主要目的

1. 反映教师的教学目的

教师的教学方法不仅受教师对语言和语言学习的看法的影响，还受制于他的教学目的。如果教师将语言看成一门知识，其教学目的是通过外语教学对学生在智力方面进行磨炼，使学生能阅读外语的文学作品，他便会使用语法—翻译法进行教学；但如果将语言看作一种技能、一种习惯，想通过大量机械的模仿练习让学生掌握语言，他就会采用听说法、口语法或情景法去教授外语。教师的教学目的是各种各样的，它可以是培养学生的交际能力，训练学生懂得对不同的人、在不同的场合和时间说不同的话，也可以是通过教学，促使学生弄懂有关某一门外语的知识；还可以是培养学生的听、说能力或阅读能力。当然，教师所采用的教学方法也从一个侧面反映了教师的教学目的。

2. 建立特色的英语教学体系

中国是一个人口大国，具有缤纷灿烂的民族色彩和地方色彩。中国又是一个具有五千多年文明历史的大国，其有独特的文化传统和教育传统。中国还是一个社会主义大国，中国的英语教育与其他国家相比，在体制上、目的上都有自身的特色。凡此种种，都要求我们建立具有中国特色的英语教学体系。这种教学体系注重人的全面发展并考虑我国各地区和各民族的差异，如语言和方言的差异、教学条件和环境的差异等，力求教学方法与教学目的一致，理论与实际结合。

中国的英语教学体系的建立，一方面要靠全面总结研究我国英语教学的历史经验和现实经验，另一方面则需将已有的英语教学论著进行分析研究，包括中国的和外国的论著，采精华，酿好蜜，群策群力，从理论联系实际的角度对学科性质的英语教学著作进行研究和学习，必定会大大加快具有中国特色的英语教学体系的建立和完善。

我国有几千万学生在学习英语，规模之大，数量之多，居世界第一。中国的成体系的英语教学理论应该走在世界的前列。未来，我们不单要引进外国的英语教学法，还要"创出"中国的英语教学法。为了达到这一目的，我们的英语教学法科研队伍必须不断壮大。一切有志于祖国文化建设的外语教师，特别是在职的和未来的青年教师，都可以在这里大有作为，大有建树，表现自己的价值。

二、英语教学的原则

（一）兴趣性原则

兴趣是最好的老师，教师应该重视兴趣的巨大作用，在英语教学中采取一切可用的方法来努力调动学生的情感内因，激发学生对英语学习的强烈愿望，使他们喜欢学、乐于学，以获得更好的教学效果和学习效果。英语教师在调动学生学习兴趣时，可从以下几个方面入手。

1. 充分尊重学生的主体性

教育是一种主动的过程，教师必须清楚地认识到英语课堂的主体是学生。只有通过学生积极主动地尝试与创造，教学活动才能达到预期的效果，学生也才能获得认知和语言能力的发展。因此，教师要从学生的心理和生理特点出发，遵循语言学习规律，采用多种教学方式，培养学生的兴趣，让学生通过体验和实践进行学习，形成语感，从而达到提高交流能力的目的。

2. 探寻学生感兴趣的问题

教师只有了解了学生真正感兴趣的问题，才能够因需施教。教师在日常教学中要注意发现和收集学生感兴趣的问题和事物，并把它们作为设计课堂教学活动的素材。例如，在讲授某个单词如 smile 及其近义词时，教师可以让学生示范各种笑的表情，如大笑、咯咯笑等，这样不仅学生的学习兴趣被充分激发，学生的表演欲望也得到了激发，课堂氛围也变得活跃。学生在活跃的课堂气氛和课堂活动中就掌握了单词及其含义与用法。

3. 鼓励学生的进步

教师在教学过程中要时刻注意发现学生身上的闪光点，善于发现学生学习取得的进步，并适时鼓励和表扬，这不仅有利于培养学生的学习兴趣，还可以增强学生的自信心。例如，在英语教学中，教师可以通过采用荣誉激励、奖品激励、任务激励、情感激励等多种方式，对学生所取得的进步给予鼓励，以激发学生积极参与，大胆实践，体验成功的喜悦，而兴趣也是在这种激励中逐步培养起来的。

4. 改变传统的英语教学方法

改变强调死记硬背、机械操练的教学方式以及其他传统的英语教学方式。英语学习当然需要一定的死记硬背和机械操练的活动，但是如果机械性操练太多太滥则很容易导致课堂教学的死板与乏味，从而使学生失去或者降低学习英语的兴趣。为此，教师应该科学设计教学过程，以学生感兴趣的方式帮助学生获取知识，加速知识的内化过程，使他们能够在听、说、读、写等语言交际实践中灵活运用语言知识，变语言知识为英语交际的工具。

5. 深度挖掘教材内容

教师在备课过程中，应认真地研究教材，挖掘教材中学生感兴趣的内容与话题，使每节课都有让学生感兴趣的内容和活动，最大限度地调动学生的积极性。例如，英语课堂教学可以尽量把日常生活中的交际形式搬上课堂，如把打招呼，对人、物的介绍等搬到课堂上，为学生在日常生活中使用课堂上所学的英语创造条件。

6. 完善传统的评价方式

传统英语应试教育中的评价方式不利于学生学习兴趣的激发。要想避免这种消极影响，应逐渐改变评价方式。基础英语课程的评价应以形成性评价为主，采用的操作方式也应该是学生在平时教学活动中常见的，重视学生的态度、参与的积极性、努力的程度、交流的能力以及合作的精神等。除形成性评价外，针对学生不同阶段的考试可以采用笔试与口试相结合的方式。这两种方式所考查的知识点不同，笔试主要考查学生听和读的技能以及初步的写作能力，口试主要考查学生实际的语言应用能力。

7. 加强师生交流

教学是师生互动的过程，课堂上的知识传授和技能培养总是伴随着学生的情绪进行的。好的情绪转到学习中就会变为一种兴趣和动力。另外，一个学生对某一门课程的喜欢与否，往往取决于他对于该授课教师的态度。所以教师在严格要求学生的同时，要努力创造一种和谐的学习氛围，通过一个眼神、一个手势、一个微笑、一句赞许的话去影响学生。教师还可以通过各种形式真心地与学生进行交流，与学生交朋友，赢得学生的尊重与喜欢，从而使学生愿意向教师倾诉，与教师交流。

（二）以学生为中心的原则

以学生为中心的理论来源于美国教育学家约翰·杜威的"儿童中心论"，杜威认为，尊重人类自由的天性，遵循教育的自然规律对儿童的发展具有重要作用。以学生为中心的原则要求教师的心里要时刻装着学生，把教师的教建立在学生的学之上，教学的一切工作围绕学生的学习进行。在备课、教课、批改学生的作业时，教师要考虑学生的心理和需要，分析学生知识掌握的情况，安排和调整自己的教学策略和步骤以适应学生的需要。

①制定合理的教学方案。教学方案是教学活动的根本环节。教师需要根据学生的语言接受水平和语言运用能力来制定合理的英语教学目标、教学任务、评定方法等。

②认真分析教材、认真备课。教师在对教材进行分析时，应对教学内容进行充分的理解和把握，根据学生所处的不同阶段的实际情况与学生的学习能力来调整教学目标和教学任务，根据学生的需要对教材内容和活动进行最优化处理，使教材与学生的经验建立起联系，把教材内容变成问题的链接和师生对话的中介，使教材实现为取得教学效果所用的目的。

③使用合适的教学方法和手段。实施以学生为中心的原则，要求教师根据学生的特点，灵活选用教学方法和手段。直观的教学方法有助于学生直接感受和理解语言，通过视、听、说加深印象，强化记忆，激发学生参与的兴趣。形象化教学手段可以适应学生的直觉思维特征，教师应选择能激发学生学习兴趣和好奇心的媒体，如幻灯、投影、模型、录音、图片等，使他们能出于个人需求积极主动地参与课堂学习，较自然地感知语言。此外，教师还要善于利用课堂设置场景，调动学生参与课堂活动的主观能动性。

（三）循序渐进原则

中国学生大都是在汉语的环境中长大的，无论是对英语学习的兴趣还是能力，都有一个逐步培养和提高的过程，不能一蹴而就。因此，英语教师要有耐心，逐步提升学生的英语水平。遵循循序渐进原则，需要做到以下几点。

1. 从口语过渡到书面语

英语包括口语和书面语两种形式，但是从语言的发展史来看，口语的发展远远早于书面语。这是因为人类在几十万年前从学会劳动的时候起，就开始说话，但是那时候人们还不会写字，文字的出现要晚得多。可见，在英语中，口语是第一位的，书面语是第二位的。因此，英语学习也应从口语开始，然后逐渐过渡到书面语。此外，由于口语里出现的词汇比较常用，大都是日常生活用语，句子结构也相对简单，与书面语相比更容易学习，因此通过口语的学习，学生可以很快获得与日常生活相关的交际语言，迅速提高交际能力。

2. 从听说技能过渡到读写技能

通过英语课堂中的听、说教学，学生可以学到正确的语音，掌握基本的词汇和基本的句子结构，从而为读、写能力的培养奠定基础。英语教学从听开始也符合中国英语教学的实际情况，因为对于绝大多数中国学生来说，他们都缺少英语的语言环境，而"听"便成了他们获取英语知识和纯正的语音语调的唯一途径。学生也只有具备了一定的听力能力，才能听清和听懂别人说的英语，才能自信地用英语与别人进行交谈。因此，在整个英语教学过程中，教师在每节课中都要尽量为学生创造良好的语言环境，培养学生听的能力，并在此基础上结合相应的听力内容，循序渐进地培养学生的口语表达能力。当然，听、说、读、写、译作为英语的五项基本技能，是需要全面发展的，但在英语初级阶段的学习中，特别是起始阶段，教学应先从听、说入手，然后在此基础上进一步培养学生的读、写、译的能力。

3. 语言知识与技能不断深化

在英语学习中，学生对一个语言项目的掌握不可能一次完成，而是需要进行多次的循环，而且每一次都是对前一次的深化。例如，关于名词的单复数问题，在开始阶段教师只是要求学生知道在英语中名词有单复数形式。随着学习的逐渐深入，教师要使学生了解名词复数变化的规律，最后再掌握不规则名词的复数形式。

此外，在具体的课堂教学中，教师应该注意在学生已有的语言知识和已经熟悉的语言技能基础上，讲授新的知识，培养新的技能，在讲授新知识的同时还必须复习前面所学内容。

（四）灵活性原则

①教学的方法要有灵活性。一方面，英语教学包括语言知识和语言技能两个方面，语言知识包括语音、词汇、语法等内容，语言技能则包括听、说、读、写、译等方面，其中又包括许多微技能，不同的内容具有不同的特点；另一方面，学生个体是千差万别的。因此，在英语教学过程中教师要结合教学内容、综合学生以及教师自身的特点，创造性地开

展多种多样的教学活动，充分体现教学方法的多样性和创新性，使英语课堂新鲜有趣，从而激发学生学习英语的热情，培养学习的兴趣，挖掘学生的潜能。

②学生的学习要有灵活性。学生学习的灵活性在很大程度上取决于教学方法的灵活性。教师应该帮助学生改变以往单纯的死记硬背的机械性学习方法，探索合乎英语语言学习规律和符合学生生理、心理特点的自主性学习模式，使学生能够自我导向、自我激励、自我监控。

③语言的使用要有灵活性。学习语言的最终目的是交流沟通。英语作为一种交际工具，关键在于使用。教师要通过自身灵活地使用英语带动影响学生使用英语。在课堂教学中，教师应尽可能多地使用英语组织教学，如用英语讲解、用英语提问、用英语布置作业等，使学生感到他们所学的英语是活的语言。教师还可以通过布置具有灵活性的作业使学生灵活地使用英语，作业的布置应侧重提高学生的实践能力，如可以让学生用手机录制口头作业，让学生轮流进行值日报告，陈述、评议时事、新闻等。通过以上种种措施加强语言使用的灵活性。

（五）真实性原则

1. 采用语用真实的教学内容

教学内容不仅包括课文教材，还包括例句、课内外训练材料和练习等所有供学生学习的材料。真实的教学材料可以让学生接触真实自然的语言，了解交际话语和背景文化，并能在课堂活动和社会交际之间建立联系，使学生领会到所学习的语言材料就是现实生活中可能发生的语言交际。因此，英语教师在开始教学前应从语用的角度认真分析课文，不仅分析课文语句的结构意义，更要着重把握语句的语用意义，了解语句使用的真实语境，研究语句中包含的情感、态度、语气、意图等，准确把握课文中所有语句的真实语用内涵，同时编写或者从已有的教学用书中选择语用真实的教学例句和课内外练习。这样就可以在教学前指向语用教学，而且明确指向以培养运用英语的能力为目的的语用教学，从而保证学生能够获得语用真实的英语运用能力。

2. 组织语用真实的课堂教学活动

英语课堂教学是通过一系列的课堂教学活动来完成的。呈现、讲解、举例、训练、巩固等课堂教学活动都要与语用能力培养密切相关。对学生语用能力的培养要贯穿英语教学的全过程，融入语言学习其他各环节的学习和训练之中。在这些教学活动中，英语教师应基于语用真实的指导思想来设计和组织教学活动。在进行呈现、讲解时，不仅要呈现、讲解教学内容的真实语义，还要明确呈现、讲解教学内容的语境和言外之意。此外，释例环节中所有的例句不仅要语义真实，语境和语用意图也要真实。进行训练和巩固时不仅要进行真实语义的训练和巩固，更要关注如何在恰当的语境下表达恰当的语用意图。

3. 确保学习环境的真实性

有种观点认为，课堂教学环境其本身就缺乏真实性，因为它不可能提供完全真实的社会交际场景。这种观点失之偏颇。众所周知，我国英语学生基数大，而且相当一部分学生都没有出国学习的机会，因此也就缺乏完全真实的语言学习环境。何况第二语言学习其本身就不可能与母语学得完全一样。可见，在我国学生学习英语主要是通过课堂教学进行的。但这不代表课堂教学活动无法培养出高水平的英语学生。实际上，教室本身就可以是一个真实的学习与交流场所，它能不能充分发挥应有的作用在于教师是否能营造出有利于学生学习的环境。例如，教师可以充分开发课堂教学的潜力，结合学生的实际生活，设计各种学生感兴趣的活动，将枯燥的教师"一言堂"的教授转变为师生共同交流的、互相学习的场所。这样不仅可以鼓励学生积极参与，使学生增强自信心，还能引导学生融入各种角色实现角色代入，为学生将来的真实交际打下坚实的基础。

4. 编排语用真实的教学检测评估方案

对于教学来说，教学检测评估起着很大的反馈作用。通过设计编排语用真实的教学检测评估，可以发现学生的语用能力还存在哪些不足之处，从而改进教学，特别是对关于学生语用能力培养方面的教学，能起到更直接、快捷、有效地培养学生运用英语的能力的作用。教学检测评估题既要符合测试的基本原理，又要注重测试的实用性；不仅要语义真实，还要语用真实，否则就会误导教学，弱化学生运用英语的能力。语用真实会引导学生在学习中更自觉地去把握学习内容的真实语用内涵，从而进一步强化学生的自我意识，而这必将促进学生更有效地获得运用英语的能力。

（六）交际性原则

学生学习语言的最终目的是交际，这也是我们强调真实性原则的重要原因。遵循真实性原则的最终目的是为学生的交际营造一种真实的氛围，切实提高教学效果。培养学生的交际能力是英语教学的首要目标。教师在教学过程中要时刻关注英语的交际性，将交际性原则贯彻到实际教学中。教师要教会学生运用所学的语言知识在不同的场合，对不同的对象进行有效得体的交际。具体来说，教师在英语教学中应努力做到以下几点。

1. 正确认识英语教学的性质

要想落实交际性目标的要求，教师首先需要认清英语教学的性质。英语教学是一种针对听、说、读、写、译等各项技能的培养型课程，教、学、用三个方面是一个有机的统一体，这三者之间是一种相辅相成的关系，其中"用"在这三个方面中处于核心地位。使用英语进行交际的能力是在使用的过程中培养出来的，只有理论没有应用，很难达到预期的目标。因此，在教学中应加大英语使用的力度。

2. 把英语视为一种交际工具

英语是一种交际工具，英语教学的目的是培养学生使用这种交际工具的能力。使用交际工具的能力是在使用当中培养的，英语教学中的交际性原则既要求教师将英语作为一种交际工具来教，又要求学生把英语作为交际工具来学，还要求教师和学生课上课下都将其作为交际工具来用。

教学活动要和以英语进行交际紧密地联系起来，力争做到英语课堂教学交际化。在英语教学中，教师或学生不是单纯地教或学英语知识，而是通过操练，培养或形成用英语进行交际的能力。教师要尽量利用教具为学生创造适当的情景，协助学生开展用英语进行交际的真实的或逼真的演习。

3. 结合学生生活来选择教学内容

语言总是与现实生活密切联系的，在进行英语教学时，现实生活因素也需要考虑。教师应把语言和学生所关心的话题结合起来，给学生提供足够的、内容丰富、题材广泛且贴近学生生活的信息材料，这样的材料具有一定的现实性，很容易引起学生的共鸣，这样能调动学生的兴趣，也能促使他们认识到学习英语的目的在于交际，而不是应付考试。

（七）巩固性原则

1. 强调当堂巩固

学生在学习英语的过程中遇到的最大问题就是遗忘，这种遗忘是从刚开始学习后立即就开始的，且在学习后的最初阶段遗忘速度最快。因此，对所学知识进行及时巩固就非常重要。一般来说，在学习新的内容以后应立即进行巩固，也就是进行多次强化。在教学过程中要特别强调立即巩固，即学完一个新知识点就要马上进行巩固，这样才会记得比较牢固。如果一味地学习而没有进行当场巩固，学生会很容易忘记，无法取得良好的学习效果。

2. 组织经常性的复习

要想持续巩固已学过的知识，仅靠当堂巩固是不够的，还要进行经常性的复习，以便在头脑中形成长时记忆。在英语教学过程中，只有有计划地组织经常性的复习，才能够帮助学生熟练地掌握英语。组织复习时应注意以下几点。

①每学习一个课时都可以将复习作为一个步骤来进行，起到一个承上启下的作用。

②在教学的各个步骤或各种练习中都应该注意新旧材料的联系。这样既是在学习新知识，同时也是在复习旧知识，这也体现了复习。

③组织定期的阶段性复习。如果平时不注意复习，只到期末进行总复习，时间就显得比较紧，前面学过的知识也容易被遗忘。因此，在拟定学期教学日历时就要加以注意。每学期可以安排若干次的阶段复习，并且要进行测验以达到监督学生学习和检测学生学习效果的目的。

（八）关注情感原则

1. 创设轻松愉悦的学习气氛

①建立相互尊重、相互理解、相互信赖的新型师生关系。教师应该做到仪表大方、笑容可掬、和蔼可亲，树立威信。教师既是学生学习的指导者，又是学生生活上的朋友。教师要及时了解学生遇到的挫折，帮助其总结经验教训和克服困难，帮助他们树立学习的信心。作为生活上的朋友，教师要时刻注意学生的思想动态、家庭情况。

②营造激发学生学习动机和兴趣的轻松愉悦的学习氛围。兴趣是学习活动中最直接、最活跃的推动力。学生的学习兴趣不仅能转化为稳定的学习动力，还能促进学生智能的发展，启迪学生的智慧和开发学生的潜能，达到提高学习效果的目的。教师在教学过程中要注意培养学生学习英语的持久兴趣，把培养学生的兴趣、态度和自信心放在英语教学的首要地位，从而有效地促进学生身心健康全面的发展。

2. 培养学生积极的情感态度

学者对如何在英语教学中培养和发展积极的情感提出了以下几条建议。一是结合学习内容讨论情感问题。在日常的英语课堂教学中，教师要注意融入积极的情感，针对学生学习过程中出现的具体问题进行具有针对性的引导，帮助学生解决情感态度方面的问题。

二是建立情感态度的沟通渠道。情感态度的沟通渠道可以通过教师在课堂教学中建立起来，如营造融洽、民主、团结、相互尊重的课堂氛围等。有些问题可以集体讨论，有些问题则需要师生之间进行有针对性的单独探讨。在沟通和讨论过程中，教师要注意尊重学生的感受，避免伤害学生的自尊心。同时，情感具有外在和内在的表现，教师要仔细观察，了解学生的情感态度，以培养学生积极的情感，消除消极的情感。

（九）文化导入原则

我国的英语教学将培养学生的英语交际能力作为教学的重点，而成功的交际既需要语言知识，又离不开文化知识。语言是文化的载体，语言离不开文化，语言也不能脱离社会而存在，它是每个民族文化、风俗习惯的一面镜子，也是文化的表现形式。因此，文化导入也是英语教学的一个重要原则。教师在进行英语教学时要重视英语国家的民族文化和社会习俗，帮助学生了解中西文化差异，拓宽视野。在英语教学活动中，我们可以从以下几个方面来进行文化教学。

①利用教材渗透多元文化，注意捕捉教材中的文化信息。在教材的处理上，教师可以结合课本内容，不断拓展，引出相关的文化信息，提高学生的英语文化知识水平。

②运用真实的情景讲授文化知识。教师要在课堂上深入浅出地引导和讲授文化知识，营造浓厚的语言文化学习氛围。同时，所讲授的文化项目应该与日常交际密切相关，以提高学生的实际应用能力为方向。

③认真分析中西文化的差异。教师在日常教学过程中，应加强中西文化的对比，让学生充分了解不同文化之间的差异，促使学生以博大的胸怀接纳不同文化，以减少跨文化交际中不同文化差异所带来的误解。

④充分利用多媒体与网络进行教学。大部分电影和录像片的内容本身就是一种文化某个侧面的缩影。教师可以充分利用网络和多媒体资源，让学生多看或多听一些与英语国家有关的文字或影像资料，这也是一种学习外国文化知识的重要方法。这些文字、影像等都能真实地记录和反映该国家的历史地理、风土人情、生活习俗等文化信息。

（十）正确利用母语原则

1. 适当用母语进行解释

英语学习是在母语习得后进行的学习活动。在英语学习之前，学生已能用母语进行交际，他们的时间、地点以及空间等概念已经形成，学生已学会了用母语来表达这些概念。这时，用一种新的语言来构建概念就会比较难，而借助母语已建立起来的概念，教师只需要教会学生一种新的符号表达形式，就可以使学生较快和较好地掌握某些概念。因此，适当地使用本族语进行解释能起到清楚、明了和加深印象的效果。

当然，虽然不同的语言之间存在着差异，某些概念在不同语言之间也会存在着差异，但无论如何，母语的适当使用都会起到画龙点睛、突出差异的效果。例如，有的参考书中说 festival 可用 red letter day 来解释，但对 red letter day（用红字标明的、值得纪念的日子）这个概念对于不同国家、不同民族来说，其理解和认识方面是存在着差异的，如在中国，春节是节日，而在英国却不是 red letter day，因此，我们用汉语对 festival 进行简单的解释，能让学生更好、更快地对该词的意义有一个正确的理解与掌握。

2. 通过比较帮助学生理解

本族语的适当使用利于本族语与英语的比较，帮助学生更好地对两种语言各自的特点进行理解，从而排除在英语学习过程中出现的本国语言干扰。学习英语是一个相当复杂的过程。在这一过程中，学生很可能会因本族语系统的影响时而犯错误。如果能在适当的场合，结合英语学习的内容，对于英、汉两种语言在某一结构、某一用法上的差异和特点用本族语进行简单讲授，那么学生通过比较将会了解并明确英、汉两种语言在使用上需要注意的问题，他们在使用英语进行交际时，就会对本族语系统经常造成英语使用的错误进行刻意避免，从而提高英语使用的效果。

在进行英汉两种语言差异的比较时，教师可以适当使用语法翻译法。例如，在英语应用中，我们经常看到学生写出了用英语形容词作谓语的句子，如"We very happy."这种句子产生很可能是受汉语的影响，因为汉语的形容词可作谓语，如"我们很快乐"。但英语的形容词在句子中却不能单独作谓语，英语形容词要与动词"be"结合才能作谓语。因此，教师在讲授英语形容词作表语时，可以把英文句子译成汉语，通过这种方式，学生能够很容易且直观地看到英、汉形容词在句法功能方面的差别，避免把汉语形容词的使用规则迁移到英语形容词的用法方面去，否则会造成消极的影响。

第二节　英语教学的理论基础

一、建构主义理论

（一）建构主义理论的代表观点

建构主义理论的代表观点可以从以下四个方面进行理解，就是知识是相对的、学生是学习过程中最积极主动的主体、学习过程中的四个主要要素、教师在教学过程中占主导地位。

1. 知识是相对的

建构主义理论认为，知识不是绝对的而是相对的。因为具体情境总有其特殊性，知识在各种情境下的运用并不是简单的套用。教学过程需要把握它在具体情境中的差异变化，并不是教条式的背诵和记忆。从这个角度来说，教学是知识的处理和转换，并不单纯是传递知识。

2. 学生是学习过程中最积极主动的主体

在平时的学习中，每个学生自身潜移默化地形成了一定的学习方法和知识体系，所以他们对知识的接受和掌握的程度也就不同。学生对知识的理解存在差异是很正常的现象，更是一件好事。学生对知识理解的差异形成了不同的学习资源。由于对知识的接受程度不同，学生们在一起讨论和研究，不同的思想进行交流，从而可以较为全面和丰富地理解知识。与之相反，建构主义则认为教师的教学指导是最重要的，教师应该在教学过程中起主导作用。

3. 学习过程中的四个主要要素

①环境。在语言学习中，学生在这种环境下进行交流学习，杜威和布鲁纳等人对语言环境是非常重视的。

②在学习过程中，必须通过语言进行合作。

③交流。"交流"或称"沟通"是合作过程中必不可少的组成部分。学生之间通过相互交流合作来完成规定的学习任务。显而易见，合作离不开相互交流。

④意义建构。语言学习的最终目标就是意义建构。它主要是指学生能最终理解事物之间的本质联系。

4. 教师在教学过程中占主导地位

学生是学习的主体，要做到主动学习。在真实的环境中顺利完成学习任务。但是为了让学生更好地理解知识，构建主义还需要教师提供一定的帮助，帮助学生梳理知识体系。

首先，教师必须从自身角色开始转变，教师不仅是知识的传递者，更是学生学习的辅导者。例如，学生要形成自己是知识的建构者的心理模式，那么在学习中就需采取一种新的认知加工策略。因而，教师必须提供学习过程中需要的学习工具给学生。以便培养学生利用学习工具的习惯，以及学生自己构建知识网络和理解知识的能力。

其次，教师应该经常提出一些发散思维的问题，这种问题通常会有一个或者多个答案，并鼓励学生想出多个答案来解决问题。

最后，教师应该认识到，除了传递知识，教师的教学目标也包括情感的培养，在教学的过程中注重学生的情感方面，让教学真正与每个学生发生联系。

（二）建构主义理论的主要内容

建构主义认为学习环境的四大要素分别是情境、协作、会话和意义建构。

其一，情境指的是学习者展开学习活动所需要的社会文化环境。

其二，协作指的是不同的学习者之间、教师之间、师生之间所进行的合作学习活动。

其三，会话指的是在协作过程中，利用不同的信息交流方式，实现信息的共享。

其四，意义建构是学习活动发生的最终目标。

建构主义理论的内容主要可以概括为以下几点。

其一，学习者的学习过程指的是在自身原有的认知结构与新的感觉信息相互作用的基础上，将新旧知识经验反复作用，对外部信息进行主动加工与处理的过程。

其二，学习过程中包括两个方面的建构过程：一是运用既有经验进行新知识意义的建构；二是对原有经验的改造与重组。

其三，建构主义理论提倡合作式的学习，这是因为个体意义建构的方式与角度带有差异性，彼此之间的合作能够弥补个人在知识理解上的不足，从而减少理解方面的偏差。

（三）建构主义理论对英语教学的启示

建构主义理论强调教与学的过程，主张教师要进行角色的转变，从而进行更加有效的教学。这种主张和英语教学改革有着异曲同工之处。英语教学改革重视学生在学习中的地位，主张教师成为教学的指导者，提升教学的实用性。因此，在英语教学改革过程中需要建构主义的相关理论作为指导与依据。

二、二语习得理论

除了对第一语言习得的关注，心理语言学对第二语言习得也非常注重。所谓第二语言习得，即人们的第二语言的形成与发展的过程，其与第二语言学习有所不同，各有侧重。

作为一门独立的学科，二语习得理论真正形成于 20 世纪 70 年代。该理论的主要代表人物是美国语言学系的教授克拉申。克拉申是在总结自己和他人经验的基础上提出的这一理论。

（一）二语习得理论简述

二语习得理论形成于 20 世纪六七十年代，主要对二语习得的过程与本质进行研究，描述学生如何对第二语言进行获取与解释。对于这一理论的研究，学者克拉申做出了巨大贡献，并提出五大假设。

1. 习得—学得假说

所谓习得，指学生不自觉地、无意识地对语言进行学习的过程。所谓学得，即学生自觉地、有意识地对语言进行学习的过程。

2. 自然顺序假说

克拉申提出的这一假说主要强调语言结构的习得需要一定的顺序，即根据特定的顺序来习得语法规则与结构。当然，这也在第二语言习得中适用。

在英语作为第二语言习得过程中，人们对进行时的掌握是最早的，过去时是比较晚的，对名词复数的掌握是比较早的，对名词所有格的掌握是比较晚的。

研究发现，正如第一语言习得一样，第二语言习得也揭示出一种可以预见的顺序习得语言规律。学习者对某些规则掌握的快慢并不仅仅由规则的简单或复杂决定。最简单的规则不一定是最先习得的规则。即使在第二语言教学的课堂上，同样存在这种自然顺序。无论是否接受正规课堂教学，外语学习者总是以一种大致相同的顺序来习得第二语言。如一般现在时中，第三人称单数要加-s，这个规则十分简单，但即便高水平的第二语言习得者在其语言产出中也往往无法正确地使用它。

3. 监控假说

克拉申的监控假说区分了习得与学得的作用。前者主要用于输出语言，对自己的语感加以培养，在交际中能够有效运用语言。后者主要用于对语言进行监控，从而检测出是否运用了恰当的语言。

同时，克拉申认为学得的监控是有限的，受一些条件的影响和制约，具体归纳为如下三点。

第一，需要时间的充裕。

第二，需要关注语言形式，而不是语言意义。

第三，需要了解和把握语言规则。

在这些条件的制约下，克拉申将对学生的监控情况划分为三种。

第一，监控不足的学生。

第二，监控适中的学生。

第三，监控过度的学生。

4. 输入假说

输入假说也是由克拉申提出的重要的语言习得理论。他认为，只有习得者接触到"可理解的语言输入"，即比现有的语言技能水平略高，而他又将注意力集中在对意义或对信息的理解而不是对形式的理解上时，才能产生习得。这一理论的公式为：i+1（i 表示言材料）。

克拉申的输入假说和语言学家斯温的输出假设是从两个不同的侧面来讨论语言习得的观点，都有其合理成分，都对外语教学有一定的启示。与克拉申的输入假说不同，斯温认为，输出对二语习得的影响更大。斯温根据自己的"沉浸式"教学实验，提出了输出假设。

斯温认为语言输入是二语习得的必要条件，但不是充分条件；要使学习者达到较高的外语水平，除了靠可理解性输入，还需要可理解性输出；学生需要被迫利用现有语言资源，对将要输出的语言进行构思，保证其更恰当、更准确，并能被听者理解。这样既可以提高学习者语言使用的流利程度，又能使他们意识到自己在使用语言的过程中存在的问题。因此，在外语课堂教学中，教师应给学生足够的时间和机会使用语言，以提高他们使用语言的流利性和准确性。

克拉申指出，学习者要想获得"可理解性输入"，就要把握好输入的度，既不能太过于简单，使他们不能突破，也不能过于困难，使他们不能理解。可理解性输入的公式为：i+1。其中，i 代表学习者现有的语言能力，1 代表略高于现有语言能力的信息。

输入假说的内容主要有以下几点。

其一，与习得有着紧密关系而非学得。

其二，掌握现有的语言规则是前提条件。

其三，i+1 模式会自动融入理解中。

其四，语言能力是自然形成的。

5. 情感过滤假说

"情感过滤"是一种内在的处理系统，它在潜意识上以心理学家们称之为"情感"的因素阻止学习者对语言的吸收，它是阻止学习者完全消化其在学习中所获得的综合输入内容的一种心理障碍。

克拉申的情感过滤假说是指在第二语言习得中，将情感纳入进去。也就是说，自尊心、动机等情感因素会对第二语言习得产生重要影响。

克拉申把他的二语习得理论主要归纳为两条：习得比学习更重要；为了习得第二语言，两个条件是必需的：可理解的输入（i+1）和较低的情感过滤。克拉申用以下九条证据来证明他的语言监控理论。

其一，人们用"母亲语"（motherese）或"保姆语"（caretaker talk）跟儿童谈话。这两种谈话都以"此时此地"（here and now）原则而不以抽象的原则来进行，其目的是向孩子提供足够的可理解的输入。

其二，人们以特殊的话语与二语学习者谈话。这种谈话包括"教师语言"（teacher talk）和"外国人话语"（foreigner talk）两种方式。这两种谈话方式都以语句简短，语法简单，句意明了为特点，其目的当然也是向二语学习者提供 i+1 的输入方式。

其三，二语学习者经常经历"沉默期"（silent period）。克拉申发现很多刚一进入第二语言环境的学习者都要经过一定的沉默期。

其四，儿童与成人学习第二语言的不同成功期与可理解性输入相关。克拉申在研究中发现，成人在短期内的二语学习要比儿童好得多；而从长期来看，儿童的二语学习要优于成人。他的解释是：短期内因为成人拥有更多的外部世界的经历，其可理解性输入要比儿童习得的更多；长远来看，儿童的情感过滤低，心理障碍小，因而外语的效果要优于成人。

其五，可理解性输入越多，对第二语言的运用越好。克拉申认为，阅读理解能力的提高是由于大量阅读的缘故，纯粹的二语环境如果不被学习者所理解，则对二语学习者语言能力的提高毫无用处。

其六，可理解性输入的缺乏会延迟语言的习得。父母亲是盲人或聋人的儿童通常在习得语言时要晚于其他儿童，这是因为缺少适当的可理解性输入的缘故。

其七，教学法的成功与否和可理解性输入密切相关。克拉申在一些研究中发现，以听、读为主的教学方法在语言教学中要明显好于传统的以说为主的教学法，这也是因为以听、读为主的教学法不仅提供可理解的听的输入，也提供可理解的书面文字的输入。

其八，沉浸式教学法的成功在于其提供了可理解性输入。沉浸式教学法即在二语学习课堂上只用第二语言的教学方法，克拉申认为其成功的缘由在于大量的可理解性输入。

其九，双语教学的成功也证明了可理解性输入的重要性。

总之，语言监控理论对外语教学有着一定的启示。根据克拉申的外语教学理论，进行外语教学时应该尽量向学生提供可理解的语言输入，为学生习得语言创造一个有利的环境。教师也应该使用一切手段来增加语言输入的可理解性，如教师可采用直观的教具来辅助教学，也可以按照学生水平，使用不同的词汇和语言结构来教学。另外，教师还可以创造一个轻松愉快的学习气氛，只有这样，语言输入才能更有效地为大脑吸收。因此，不要强加压力于学生。

（二）二语习得理论对英语教学的启示

二语习得理论与英语教学都涉及新语言的产生与该语言能力发展中的一系列问题，因此二语习得理论与英语教学有着相通之处。在英语教学改革中，通过二语习得理论的引导能够对英语教学过程加以指导，从而改革英语教学方法，提高英语教学质量。在具体的英语教学改革过程中，需要进行整体转换，变革教育主体，激发学生学习的兴趣与积极性。另外，教师还需要创设情境，保持师生之间、生生之间的交流与互动。

英语教学改革的推进离不开对二语习得理论的认识，但是在实施过程中也不能全部将二语习得机制运用到英语教育中，而应该从我国国情考量，以英语教育的理论与原则为本，以教师、学生、教学环境等为出发点，制订合理的教育目标与内容，使课堂结构更加创新与优化。

1. 二语习得理论对外语能力发展方式的启示

语言能力发展一直是二语习得研究关注的重要命题。自 20 世纪 60 年代以来，二语习得界试图回答的问题包括如下几个。

外语能力是什么？

外语能力是如何发展的？

外语能力发展的特点是什么？

哪些因素导致了外语能力的发展？

经过几十年的发展，学界对于这些问题有了大致的结论：对于在课堂环境中的外语学习者而言，其外语能力要得到发展，通常需要具备以下几个条件。

（1）外语学习中必须要有足够的可理解性输入。

克拉申认为外语能力的发展需要具备两个必要条件，首先是学习者内在的语言学习机制，这明显受到了乔姆斯基的语言天生论的影响；其次便是充足的可理解性输入，并且他认为这是学习者获得语言知识的唯一方式。当然，对于克拉申而言，语言输入并不是随机的、无序的，因为粗调语言输入对于学习者而言可能太难或者太容易，进而影响学习者的外语发展。

因此，合适的语言输入需要充分考虑并切合学习者当前的语言认知水平，并且遵循自然语言习得顺序。他假设学习者当前的语言水平为 i，那么可理解性输入水平就被定义为"i+1"。通俗来说，可理解性输入就是指"学习者垫垫脚就能够得着"的输入，是一种精心调校好的语言输入。

虽然克拉申的理论针对的是在目的语环境下的第二语言的自然习得，但是其对于外语环境下的语言学习同样具有重要的意义，对外语教学和学习有很多启示。比如，外语教学中要重视学习者的现有认知水平，在教学材料的遴选上要充分予以考虑；外语教学应该充分遵循循序渐进的原则，这符合一般的教育学和心理学原则。

（2）语言能力的发展必须以语言使用为前提。

语言能力的发展必须以语言使用为前提，语言输出为语言能力的发展提供了强大的驱动力。语言输出并非语言学习的结果，而是语言学习的过程。要使学习者成功地习得语言，仅仅依靠语言输入是不够的，还要迫使学习者进行大量的语言输出练习，这便是学者斯温所提出的可理解性输出。

不难看出，这是对可理解性输入的有效补充，斯温并未否定语言输入对于二语习得的重要作用，她只是认为可理解性输出是对前者的重要补充，在学习者的外语学习中扮演着重要角色。

语言输出的各种功能也得到了大量实证研究的支持。虽然语言输出在语言能力发展中的重要性无可厚非，但是语言能力发展的驱动力可能不只这些，还有其他的因素在发挥作用，意义协商便是其中之一。

（3）语言使用必须基于交际

语言使用必须基于交际，以意义为导向，且语言使用者有足够的注意力关注到语言形式。因为只有在语言使用中，才能真正地实现语言的形式、意义和功能的有效整合，才能真正促成语言能力的发展。语言使用要以意义为导向，就必须要有大量的互动，互动的形式可以多种多样，可以在同伴间进行，也可以在师生间开展。

在语言输出的过程中实现了互动，使用者就能进行意义协商，促发互动调整，有效地把输入、学习者的内在能力尤其是选择性注意和输出三者联系起来。通过协商，学习者会注意到自己的语言知识和目的语语言知识之间的差异，明晓自己语言知识的欠缺和不足。可以说，意义协商启动学习的发生，接下来的语言输入是学习者语言知识内化的必要条件，进一步确认或者拒绝先前的语言假设。同时，通过意义协商，语言教学过程能够实现重形式教学，即在意义先导的情况下，将学习者的注意力转移到语言形式上去，在交际中学习和内化语言形式，实现语言形式、功能和意义的结合，促进语言能力的发展。

（4）语言能力的发展需要大量的负面证据。

语言能力的发展需要大量的负面证据，需要外界的反馈和提醒。外语能力的发展绝非一蹴而就，一帆风顺。学习者从一开始便是磕磕绊绊，不断地在试验自己的语言假设，可以说语言能力发展就是学习者不断确认和否定自己语言假设的过程，而这个过程中，反馈的作用无可取代。当学习者在语言使用过程中出现了使用错误时，同伴或教师如果能够及时给予提醒或更正，将有助于学习者在实现交际功能时关注到自己的语言形式，注意到自己的语言形式与目的语语言形式的差异，实现语言知识的内化。

对于反馈作用的认识是伴随互动假说而生的，近30年来一直是二语习得研究的热门话题。相对而言，口语反馈的作用已经得到了认可：大量的研究表明，在外语学习者进行口语交际过程中，采用恰当的反馈形式，如重铸、请求和重复等手段，可以显著提升学习者的语言表达能力，并促发语言习得。对于书语反馈，仍然存在争议，争议的焦点在于书面写作对于提升学习者的写作能力和促进二语习得是否存在作用。

虽然多数研究表明，采用恰当的书面反馈形式，比如"间接标示错误+适当解释"，能够促使学习者注意到问题所在，并改善后续书面写作的准确性，促发二语习得。但是由于研究方法论上的问题以及研究设计中的可重复性问题，这一结构还是受到了挑战。这个争论仅仅存在于研究层面，在现实的教学层面，它几乎不存在。我们可以得出这样的结论，即适当的反馈能够将学习者的注意力聚焦于某些特定的语言形式，促进其语言能力的发展。

另外，除了上述四个因素以外，语言教育学界对于语言能力发展也有一些其他的重要结论，比如，语块在语言习得中发挥重要作用，甚至有学者依此提出基于语言使用的语言习得观。还有学者指出语言习得包括两个部分，一部分是分析性习得，另一部分是整体性习得。又如，语言能力的发展存在巨大的个体差异，语言学能、情感态度、动机、母语水平等都影响第二语言能力的发展。

总之，由于外语学科的特性，相比其他学科而言，外语学习在认知上的挑战不大；外语学习或教学中的认知成分只是为了更好地促进外语学习者的语言能力发展。根据最新的学习理论，外语学习的认知目标不再局限在知识、技能上，语言能力作为一项综合性能力，得到了更为宏观的定义。

2. 二语习得理论对英语情感态度发展的启示

众所周知，人类既具备认知能力，也具备情感能力。学习者在外语学习过程中会受到诸多情感因素的影响，这是不言自明的。但是长久以来，语言学习的认知方面颇受重视，而情感学习则频频受到误解。比如早期对于学习者焦虑的研究，主要聚焦于教师的教学对于学习者的影响，把教师职业素养的缺失当成学习者焦虑的来源；后来，对于情感的考虑又变成了动机和思想品德的混合物，如我国的课程标准明确把情感态度定义为动机、祖国意识和国际视野等。造成误解的一个原因便在于情感因素是一组复杂的心理因素的组合体，具有不确定性和易变性。有学者认为，情感状态的易变性和个体性使人们不易系统地研究其在第二语言习得中的作用。就外语学习和教学中的情感问题而言，人们至少在以下几点上的看法是一致的。

第一，学习者对待外语学习的态度有积极、消极之分。

第二，外语学习的体验会影响学习者的态度和投入。

第三，外语课程结束时，学习的经历必然会给学习者留下某种相对持久的情感反应。

众所周知，某些情感因素是积极的、理想的，而另一些则是消极的、不理想的。既然如此，那么在教学过程中，教师和学生自然应该想方设法地去追求积极而理想的结果，极力避免消极的、不理想的结果。从这个意义上讲，那些积极的、健康的、理想的情感作用结果正是教学所要追求的情感目标。

因此，将情感培养作为外语教学的目标之一，不仅有教育学、人文主义心理学的理论基础，而且也是培养综合素质人才的客观需要。一方面，学习要靠人来完成，解决不好人的情感问题，语言学习是不可能取得成功的。另一方面，教育的作用不仅仅局限于能力的训练和技能的学习，培养积极、健康的情感涉及人的全面发展，在某种意义上似乎比知识的传授更重要。所以斯特恩指出外语学习中情感的重要性不低于认知学习。

那么究竟什么是外语学习和教学中的情感呢？情感具有普遍性，易于感觉而难以定义。在日常生活中，人们也会经常谈及个人情感，所以广义的情感是指制约行为的感情、感觉、心情、态度等。但是具体到外语学习和教学中，所谈及的情感主要有动机、焦虑、抑制、外向/内向以及自尊等。

情感态度在外语学习中发挥着重要的作用。情感态度是外语学习的动力源泉。情感态度也会随着外语水平的提升而不断得到增强。从认知心理学的角度来说，情感之所以作用于外语学习，主要是因为其与人类的记忆有着千丝万缕的联系。具体来说，人类的情感与记忆的关系包括以下几个方面。

第一，情感信息和其他信息存在于相同的记忆网络，情感信息甚至可能是其他信息得以组织的基础。

第二，情感信息可能从长期记忆中唤起其他信息，而这些信息可能在记忆工作区形成杂乱的信息单位，消耗记忆处理能力和空间，妨碍人们有效处理自己感兴趣的信息。

第三，反馈的情感信息影响长期记忆网络的形成与重构。

第四，情感对启动语言的有意回放非常重要，对语言的无意回放也有作用。

第五，即使在信息已稳存长期记忆中后，情感仍然可能干扰信息提取的能力。

可见，情感态度在外语学习中发挥着重要作用，外语教学中理所当然要强调情感学习。因此，我国的英语课程标准都将在各个级别中设定英语学习中的情感目标，这体现了对情感学习的重视，从历史的角度来看，这是一个巨大的进步。

虽然情感学习非常重要，但是在实际的教学过程中不能误解甚至曲解情感的性质与作用，需要用科学、客观的态度来审视外语学习中的情感态度问题。

第一，外语教学所关心的情感态度与日常生活中谈及的道德迥异，所以不宜夸大外语教学对于学习者的道德培养的作用。学习者的道德情操是在日常生活的点点滴滴中积累起来的，而并不是外语教学的直接结果。当然外语教师可以以身作则，以自己的实际言行影响着学习者，但这并不意味着外语教学本身的效用。

换句话说，外语教学中的情感态度只是作用于学习者的语言学习，外语教学本身无力去发展学习者的道德情操。

第二，情感是个整体，与学习密不可分。这一特性便意味着不宜将情感态度分级，并以此来评估学习者。不能说低年级的学习者在情感态度上就弱于高年级的学习者，实际上往往相反。此外，情感态度是个动态且易变的概念，也正因为如此教学才有了空间，设定情感目标也有了理论基础。本质上来说，真正重要的是情感态度发展的过程，而不是结果。学习者正是在这个过程中获取了语言能力发展的动力。所以，外语教学过程中，不宜静态地、刻板地看待学习者的情感态度。

（1）动机。

影响外语学习的情感因素很多，其中最为重要的两个是动机和焦虑。动机研究最初始于教育心理学，是指学生为了满足某学习愿望所作出的努力。二语习得和外语教学界从 20世纪 70 年代开始逐步深入研究动机对于外语学习的影响，我国外语学界则是从 20 世纪 80年代才开始引入动机这一概念，但真正的实证研究则是从 20 世纪 90 年代才开始逐步展开的。

通常认为，学习者的动机程度和其学业水平是高度相关的；后来，甚至有研究在这两者之间建立了因果关系模型。动机可以有不同的分类方法。一般认为，动机可以分为两类，即工具型动机和融入型动机。前者指学习者的功能性目标，如通过某项考试或找工作。后者指学习者有与目的语文化群体结合的愿望。

除了以上两类外，还有结果型动机（源于成功学习的动机）、任务型动机（学习者执行不同任务时体会到的兴趣）、控他欲动机（学习语言的愿望源自对付和控制目的语的本族语者）。对于中国学习者而言，证书动机是中国学生的主要动机。

学生的学习动机是可塑的；激发学生内在动机是搞好外语教学的重要环节；个人学习动机是社会文化因素的结果。这个发现对于中国各个层次的英语学习者都是如此，也可以解释国内近些年来的英语"考证热"。值得一提的是，无论是工具型动机，还是融入型动机，都会对外语学习产生重要的影响，所以动机类型并不那么重要，重要的是学习者动机的水平。

此外，也有学者将动机分为内在动机和外在动机。内在动机是指学习者发自内心对于语言学习的热爱，为了学习外语而学习外语；而外在动机则是由于受到外在事物的影响，学习者受到诸如奖励、升学、就业等因素的驱动而付出努力。这一分类与前一分类有相似之处，但是不可以将两者等同，它们是从不同方面考察动机这一抽象概念的。

在对待动机这一问题时应该注意：动机种类多样，构成一个连续体，单一的分类显得过于简化；另外，动机呈现出显著的动态特征，学习者的动机类型可能随着环境与语言水平的变化而发生变化。比如，一个学习者最初表现出强烈的工具型动机，认为学好英语是考上好学校、找到好工作的前提；但是随着其英语水平的不断提升，他开始逐渐接受英语及其附带的文化，想要去国外读书甚至是移民英语国家，这时他的动机类型就变为融入型动机了。

近年来国内对于动机的研究表明，中国英语学习者的动机类型以工具型动机为主，并且动机与学习策略、观念之间的关系较为稳定。另外，学习成绩与动机水平之间呈现出高度相关。这些研究发现对于外语教学具有启示作用：外语教学中应该重视学生的动机培养，培养方式可以多种多样，譬如开展多样的英语活动、提高课堂的趣味性、鼓励学生课外阅读等。

（2）焦虑。

焦虑是影响语言学习的又一重要情感因素，是指一种模糊的不安感，与失意、自我怀疑、忧虑、紧张等不良感觉有关。语言焦虑的表现多种多样，主要有：回避（装出粗心的样子、迟到、早退等）、肢体动作（玩弄文具、扭动身体等）、身体不适（如腿部抖动、声音发颤等）以及其他迹象（如回避社交、不敢正视他人等）。这些是学习者在学习过程中，尤其是在课堂环境中常见的现象。

学生在语言课堂上担心自己能否被他人接受、能否跟上进度、能否完成学习任务，这种种担心便成了焦虑的来源。焦虑可以分为三类，即气质型、一次型和情景型。

其一，气质型焦虑是学习者性格的一部分，也更为持久。这类学习者不仅在语言课堂上存在焦虑，在日常生活中的很多场合都会表现出不安、紧张等情绪。

其二，一次型焦虑是一种即时性的焦虑表现，持续时间短，且影响较小，它是气质型和情景型焦虑结合的产物。

其三，语言学习中更为常见的是情景型焦虑，这是由于具体的事情或场合引发的焦虑心理。比如考试、课堂发言和公开演讲等。

可以说，焦虑是一种正常的心理现象，任何个体都存在一定程度的焦虑心理，外语学习者自然不会例外。产生焦虑的原因也会多种多样，但是总结起来无非有以下几点：首先，学生的竞争心理与生俱来，学习者一旦发现自己在与同伴的竞争中处于劣势，便容易产生焦虑不安的心理；其次，焦虑心理也与文化冲击有关。外语课堂上传授的文化知识对于母语文化本身便是一种冲击，学习者也会因为担心失去自我、失去个性而产生焦虑。总体而言，焦虑会表现为用外语交流时不够流畅、不愿用外语交流、沉默和害怕考试等。

长久以来，焦虑一直被视为外语学习的一个障碍，这是一种误解，是对焦虑的作用的误读。焦虑最初是运动心理学的重要研究内容，研究将运动员按照焦虑水平分为三类，即低气质型焦虑、中气质型焦虑和高气质型焦虑，然后比较三类运动员的运动成绩，结果发现中气质型焦虑的运动员成绩最好。

可见，焦虑也是有积极、促进的作用的。后来焦虑成为教育心理学的研究对象，发现了同样的规律。焦虑就其作用而言也可分成两大类：促进型和妨碍型。前者激发学生克服困难，挑战新的学习任务，努力克服焦虑感觉，而后者导致学生用逃避学习任务的方式来回避焦虑的根源。

这种划分方式有一定的道理，也获得了部分实证研究的证实，但是我们应该明确焦虑并不是非此即彼的，焦虑之所以会产生不同的作用主要是因为焦虑程度的问题：过高的焦虑会耗费学习者本来可以用于记忆和思考的精力，从而造成课堂表现差、学习成绩欠佳；

而适当的焦虑感会促发学习者集中自己的注意力资源，汇聚自己的精力，从而构成学习的强大动力。

但是焦虑水平的测量现在还是个难题，虽然已有一些研究工具，比如外语课堂焦虑量表，但是最新的研究表明该量表实际测量的是学习者的语言技能和学习技能自我效能的个体差异，而并不是二语学习的焦虑。

因此，在外语教学中，对于学习者的焦虑要区别对待。焦虑水平过高的学习者需要疏导，晓之以理，并通过日常细微的成绩变化来逐步缓解紧张的心理状态，化压力为动力；同时，也要让学习者知道适度焦虑的益处，外语学习中需要有一定的紧迫感，一定水平的焦虑会有助于外语水平的提高。

情感学习是外语学习的重要组成部分，情感学习与内容学习互为补充，相得益彰。所以，完整的外语学习和教学理论应该既重视学生的认知发展，也关注学生的情感发展，情感发展是认知发展的基础和动力，是长久发展的动力源泉。

第二章　英语阅读与教学

第一节　英语阅读

对阅读本质的研究发现，背景知识、语言水平和阅读能力是第二语言阅读中的三个主要变量，影响读者阅读水平的不但有个人因素，也有文化和环境因素，包括学习者的认知发展水平、学习者开始语言学习的年龄、学习方式、第一语言的阅读水平和元认知知识水平、第二语言或外语的熟练程度等。为了提高读者阅读水平，教师要开展课堂阅读教学研究，利用阅读测试促进阅读教学水平的提高。

一、阅读的本质

20 世纪 20 年代以来，以作家帕尔默为代表的教育家和语言教师对阅读行为进行了研究。帕尔默认为在外语学习过程中，学习者应首先学习听和阅读，在掌握了听和阅读的基本技能之后，就能主动地使用语言，即说和写作。

在对阅读本质的认识过程中，研究者发现，阅读不但是读者对阅读材料的认知过程，而且是一个非常复杂的心理认知过程。读者对阅读材料中符号的认知与理解是阅读的主要过程。理解的基础是认知，认知的基础是对阅读材料的感知。初学者在阅读过程中更加依赖于视觉信息，他们通常是根据阅读材料的表层结构来归纳意义。有经验的阅读者更加注重对阅读材料意义的理解，信息处理过程中更注重关键词和语段。阅读是这样一个过程：读者对阅读材料的认识→分析→理解→再分析→理解→综合处理→重复上述步骤。这样的步骤在阅读过程中会重复出现，不同之处在于每次总是在已有知识的起点上对新的阅读材料重复以上步骤。可将阅读模式分为过程模式和成分模式两种。过程模式可以是连续行为，也就是说可以把阅读看作一个系列过程，上一个过程完成之后下一个过程才开始。成分模式只是描述阅读过程中涉及哪些成分，并不试图解释它们是如何相互作用或阅读过程实际如何进行。

二、教师在阅读教学中的作用

（一）设计英语阅读课程

在设计阅读课程时，教师首先要清楚课程目的。在确定阅读目的之前，应设计出评估学生阅读效果的措施。教师必须了解学生的需求、兴趣和能力，因为这是实现教学目标的前提。教师可通过问卷、访谈、观察、小组讨论、测试等来了解学生的需求、兴趣和能力。只有很好地了解学生的语言水平，才能建立一个适合他们实际水平的合理阅读任务，教师可通过精读、泛读、选读等方式来提高学生的阅读水平。

在阅读过程中，教师可通过一些实际活动来传授阅读策略的运用。例如，提取每段或每句中的关键词，分析哪些词或句子表达了题目或段落的中心意思，新旧信息是如何衔接的，哪些句子提供了新的信息，等等。一般可通过下列措施来监控阅读，比如，读者可自查是否明白了段落的中心意思，这一段获得的信息和上一段提供的信息是否逻辑清楚、合理，以及这一段信息与引言和题目所提供的信息是否一致。

（二）分析影响英语阅读课堂教学的因素

为了培养学习者成为更好的阅读者，教师应抛弃那些过时的阅读理论以及建立在自身阅读经验基础之上的直觉。更为重要的是，为了提高学习者的阅读水平，教师应在课堂上进行阅读调查研究，研究范围包括学习者的词汇水平、阅读的熟练程度、阅读策略的应用、篇章结构的理解以及阅读教学的效果。对每一项研究的目的、研究方法、数据收集方法、预期结果，作者都进行了详细的说明。

同时，教师还应意识到有多种因素会影响到阅读过程及阅读效果，因此在实际教学中要优化那些对阅读教学有利的因素，减少对阅读可能产生不利影响的因素。此外，要考虑到不同教学对象之间的个体差异。在阅读教学中针对不同性格、不同认知方式、不同语言水平的学习者，教师应采用不同的阅读策略，以使教学达到最佳效果。成熟和不成熟的阅读者之间存在着很多差异，其中之一就是他们的语言水平不同。因此，对于不成熟的阅读者来说，为了帮助他们提高运用阅读策略的能力，在阅读的初级阶段，教师首先要将教学重点集中在提高他们第二语言或外语水平上。对于第二语言水平较低的学习者来说，只有当他们通过了学习的"门槛"之后，在第二语言或外语阅读中才能更好地运用第一语言中的阅读策略和技巧。

（三）开展英语课堂教学研究

教师必须考虑学生的需求、能力、兴趣等因素，同时由于动机在阅读教学中起着重要作用，因此阅读教学中还要注意培养学生的阅读动机。总之，阅读材料过易或过难都不合适。为了取得最佳学习效果，材料的选取应略高于学习者目前的语言水平。

英语教师应学习科研方法，懂得如何对阅读结果进行科学评估。如果教师懂得如何发现学生阅读中的薄弱方面，教学会更具有针对性。如果教师懂得测试对阅读教学课的反拨作用，从而有机地把教学与测试结合起来，那么阅读测试就一定会促进阅读教学。如果在每次阅读课之前教师对讲授什么样的阅读技巧或策略都有明确目的，阅读任务完成之后又懂得如何对阅读结果进行科学评估，毫无疑问阅读课的教学会被提到一个更高的水平。英语阅读教师要不停地对课堂活动进行观察、比较、综合，进而拓宽知识范围。教师要学会对课堂活动和课堂上出现的问题进行系统研究。要学会发现问题、提出假设、收集数据，对数据进行科学的分析和解释，并且要进行教学行为研究。

三、英语阅读资源的开发和利用

（一）英语教学资源

英语阅读课堂教学中，离不开对阅读资源的开发和利用。其中英语教学资源对英语课堂教学起着非常重要的作用，丰富的英语文本资源、多媒体学习资源、课件资源和网络信息资源，可以从多方面激发学生的学习热情，提高英语课堂教学的效率，培养学生的英语学习兴趣，从而提高学生的英语水平。

教师要不断开发新的、适应时代发展和学生个性学习需求的英语教学资源，要利用不同的资源载体，提高教学效率。

1. 文本资源

这是传统的英语课程教学载体，也是现阶段学生学习的最基础的课程资源，主要是指英语教材、英语教辅材料等。随着网络信息化时代的到来，英语文本资源的开发还要从以下几方面进行。

（1）订阅英语报纸杂志。

这也是我们最常用、最简单的获取英语学习资源的方法。学校可以以院系、班级为单位订阅适合各个年级学生的英语报纸杂志，定期或不定期举办英语展览、英语角等交流活动，增加学生的英语阅读量。学生也可以根据自己的英语学习情况、个人的兴趣爱好等订阅。

（2）收集生活中的英语资源。

英语作为一种语言，是需要在一定的语言环境中学习的，而我们在中文的语言环境中，就要在不经意间收集生活中的英语词汇、英语句子等。现在我们的吃穿住行中的英文随处可见，因此生活中的英语是非常宝贵的学习资源。只要我们平时留心观察、注意，就会收集到很多生活中的英语资源。

（3）开展英语编报比赛活动。

学校可以组织开展英文版面的墙报、校报、班级板报等比赛活动，要求在编辑板报的过程中，要有60%以上自己创作的内容，并尽量要求用手稿。定期举办评比活动，是一种综合开发和利用文本资源的好方法。这样可以综合提高学生的英语读、写、译能力。

（4）建立校级英语图书室。

英语语言的学习和灵活运用，离不开大量的语言输入，教师要根据每个年级的学生的学习需求，引导他们进行英语阅读。这就需要学校的图书馆设有专门的英语图书室，分门别类地进行各个年级、各个英语水平的图书放置；也可以以班级为单位建立班级"图书角"或"图书柜"，让学生把自己的英语图书拿出来与其他同学分享。

2. 网络多媒体资源

英语语言的学习要有一定的语言环境，传统的用磁带、光盘等进行语言教学及听力训练的方式，已经不复存在了，网络信息和多媒体的发展为学生的学习提供了更广阔的空间。信息技术与互联网可以提供不限时空的海量学习资源，这是英语课本及其相关练习和阅读材料所不能达到的。这种方式的学习极大地扩充了教学资源，广泛拓展了学生的学习知识范围，使课堂教学更趋向于开放性，同时开拓了学生的视野和思路，培养了学生的创新能力和创造力。信息技术与教材整合的优势就是学生可以不限时间和空间地获取自己所需要的学习资源。

英语教学的核心内容之一就是对学生的英语阅读教学，而英语教学的关键所在就是要提高学生的英语阅读能力。网络信息化背景下多媒体计算机的广泛应用，创新了英语阅读课程的教育教学，多媒体辅助英语教学越来越受到学生的接受和欢迎。

利用多媒体网络进行学生英语阅读教学，提高了学生的英语阅读兴趣和英语阅读能力，有效克服了传统英语阅读教学中的阅读题材狭窄、阅读内容陈旧、阅读方法单一等问题，丰富了学生的阅读题材。网上阅读的新颖、及时反馈等特点，也适应了学生利用互联网学习的优势，有效提高学生的阅读能力。

在选择网络阅读材料时，要遵循以下五个原则：①拓展性。网上阅读材料应是对教材内容的扩展和延伸。②时效性。要及时更新阅读材料，选择一些能充分反映时代特点和当今社会的热点问题、国际时事形势的内容。③趣味性。阅读材料要充分符合"00后"学生的心理和个性特点，能够引起学生的学习兴趣。④科学性。网络信息的复杂多变和虚拟现实的网络信息让学生很难分辨真伪，阅读材料的选择要注重科学性，能够反映当今社会的客观现实，真实地反映社会经济和科技发展的水平。⑤艺术性。阅读材料要分层次地选择，要适合各个阶段的学生的阅读水平，材料的难易程度要适中，有一定的艺术性，能激发学生的阅读兴趣。

3. 课件资源

多媒体课件可以对所有的文本、影音资源进行综合利用，可以从很大程度上增强课堂的趣味性及容量。同时，课件资源还有其他资源不可替代的优势，那就是直观性强、重难点突出，能做到有的放矢。当下课件资源丰富的当属慕课，其中文含义是大规模网络开放在线课程。伴随网络发展的不断提速，慕课作为网络教育发展的一个新形式，其定义一直在不断更新。慕课教学资源具有如下的特点。

（1）大规模。

慕课不同于传统的课堂教学，在学习人数上没有限制，可以多达几万甚至几十万人；慕课平台中的课程门类既包括基础学科，也有大量的专业课程，不同的慕课平台其课程各有侧重。因此慕课的上课人数和课程门类的规模之大，是慕课的主要特点。

（2）开放性。

这是慕课的主要特征之一，它强调资源在一定范围内的共享性。从慕课出现至今，世界各地的学习者都可以通过特定的网络平台获取免费的课程资源。资源共享是现代社会和现代教育的根本特征，随着终身教育思想的出现，计算机和互联网的结合，新时代背景下所产生的网络教育成为实现人们终身学习的主渠道。开放性成为慕课发展壮大的一个重要驱动力，意味着所有学习者只要拥有互联网上网条件，就能够享受到优质的教育资源，突破了传统学习者需要拥有学籍才能够进行学习的局限性，使学习者能够在开放的环境中进行自主学习。

（3）低成本。

在传统教学中，学习者需要花费更多的时间与金钱等成本，才能够得到优质的学习机会。而慕课的产生和发展，使得学习者只要拥有互联网网络和能够上网的电子设备，即可在任意时间、任意地点进行在线学习，享受免费教学资源，这大大降低了学习者获取资源的各项成本。

（4）个性化。

基于慕课的大规模课程教学，学习者可以根据自身的喜好和需求选择学习内容。由于每个学习者的心理活动、已有知识及学习能力均有较大的个体差异，导致学习的进程、学习效果的反馈等都有所不同。慕课能够满足学习者多元化、多层次、不同进度的需求，可以说是满足不同主体对学习需求的最高效、最便捷的教育方式。

（5）交互性。

这是使慕课从传统的网络教育、远程教育中脱颖而出的重要特征。慕课课堂模式使师生关系因为可以自由选择而变得更加开放，教师由主导者变为课堂的协调员。学习者可以通过更多样的交互手段与方法参与到课程学习与建设中来，转变了传统单一的接受者角色。交互性还原了传统的课堂交流模式，并带来了更方便、更灵活的交互体验，实现了学习的即时反馈，提升了学生参与的积极性和思维能力，从而可以有效提高学生的学习效果。

4. 共享信息资源

随着互联网信息化时代的到来，中国的教育信息化也开始了，信息化带动了教育现代化，教育全面进入融合和创新的 2.0 阶段。教育伴随着每一次重大的技术变革发生着变化，工业化时代的教育模式很难适应信息化时代对人才培养的需求，我们要进行教育体制系统的重组和改革，而 5G、AR、VR 的发展，为我们的教育改革提供了强有力的信息技术支持。未来教育是优质资源共享的智能教育时代，智能教材、同步课堂使得优质的教学资源得到了共享。

在这样的背景下，学生不仅能学到规范的语言知识，还能通过网络海量的英语学习资源学习到英文文学语言和英语日常用语，提高学生的英语交际能力。网络信息技术下人们获取知识的来源出现了多元化趋势。学生可以从多种渠道获取自己想要的知识，这远远超出了传统教学模式下的英语教材的范围。

（二）英语教学中课程资源开发

1. 英语课程的特性

（1）工具性和人文性。

①英语的工具性。

从功能的角度来看，英语符合人的功利心理，实用性非常强。但是如果将语言工具化，或者仅是用工具去定义语言就不合适了。无论是从语言学的角度，还是从语言哲学的角度去看，语言工具论都是对语言的不尊重。从英语教学的角度来说，这种说法很容易使人只注重"工具"本身，只重视对语言本身规律的研究，忽视了对外部制约因素的研究。

②英语课程的人文性。

要理解英语课程的人文性，首先要弄懂人文和人文性的内涵。所谓人文，其核心是"人"，是对人的关心、爱护以及尊重，即以人为本。所谓人文性，包含了人性和文化性，与文化、道德、情感都息息相关。因此，文化是语言的载体，语言是文化的组成部分。

③工具性与人文性的统一。

从理论上来说，在传统的语言观念中，人们认为语言是交际工具。但是语言除了交际功能之外，更重要的是认知功能。近年来，认知学科开始发展起来，其中，认知心理学和认知语言学的迅速发展，使人们开始逐渐关注语言的认知功能，在英语教育中对认知能力的发展也越来越重视。

从实践上来说，仅仅将学生的交际能力作为英语教育的目标，已经不能满足社会发展的需要了。一方面，这一目标定位过高，"准确""得体"的交际能力，对于大多数的学生来说是达不到的，很多学生因为无法达到，而选择放弃学习英语；另一方面，学生缺少认知能力，所学到的英语没有实际效用，仅仅是在英语课堂上学习英语，除此之外，很少有机会接触外国人或者外文资料。

（2）综合性。

英语课程和教育学、心理学、哲学、语言学、应用语言学、语料库语言学、社会学、二语习得以及文化等很多学科有着紧密的联系，英语课程从这些学科中汲取理论养分。英语课程中的教学方法的语言理论基础来自语言学，学习理论通常来自心理学，英语学习理论来自社会学或教育学，研究方法来自人类学、人种志学等。

语言教学是在教育环境中发生的。因此，教育的理念也应用于语言教学中，就像它应用于其他学科的教学中一样。

英语或二语教学本身是应用语言学的一个部分。应用语言学是"语言学在语言教学中的应用"。心理学、教育学、人类学、社会学、政治学、修辞学、文艺学等是应用语言学的支撑，因而，这些学科也是英语教学的支撑。

英语课程中的大纲、教学方法、教材设计与编写随着这些相邻学科的发展而产生变化。以语料库语言学为例，过去20多年来语言描述最显著的发展就是使用计算机来搜集和分析现实中发生的语料，由此而建立的语料库能够揭示语言出现的频率和共现的模式。语料库成为一种新型的课程资源，教师可以利用口语语料库或笔语语料库进行语言辅助教学。课程设计者和教材编写者可以根据语料库呈现的词汇出现频率来确定哪些词汇属于高频词，因而是大纲或教材中应该呈现的词汇。语料库也是一种新的教学方式，教师可以设计相关的练习，让学生根据语料库中的语境共现来发现或探索词汇在语境中的意义或者区分同义词等。

（3）实践性。

英语课程的实践性既跟英语课程的工具性质有关，也跟英语课程的目标有关。从英语课程工具性的角度来看，英语课程要培养学生运用英语进行交际的能力。英语交际能力的形成要靠学生进行互动，在语言交际活动中学习交际及培养交际能力。另外，语言课在很大程度上是技能课，英语课程承载着培养学生的听、说、读、写技能的任务，这些技能的培养要在实践中进行。要在听、说、读、写活动中培养学生相应的技能，而仅仅依靠教师对听、说、读、写知识的讲授是远远不够的。

2. 英语课程资源的开发

英语课程与教学研究课程设置有明确的目标来源。通常来说，英语课程资源的开发主要来自以下三个方面。

（1）来自英语教师的实践研究。

英语课程与教学研究课程教学的对象是英语教师，他们有着英语教学的经历和背景，有着丰富的一线英语教学经验。首先，他们的教学和教学研究经验是该课程教学与研究的基础，他们的教学理念和教学智慧是该课程教学与研究的立足点。其次，研究英语教师的成长有利于了解英语教师职业发展的基本规律。最后，对该课程教学而言，理论学习过程也是英语教学实践反思和教育智慧提炼的过程，即英语教师积极参与和主动探究的过程。离开了他们的参与和探究，理论学习便成为空洞的说教，他们的参与将使课堂教学变得更加丰富多彩。也正是这样，教师的实践成了教学目标的来源。

（2）来自课程专家的目标设置理论和建议。

任何课程目标的设置和实施与科目专家理论上的建议是分不开的。由于科目专家最了解自己的领域，因而他们能够根据这门学科的内容和训练方法等，指出该学科能对学生有哪些贡献，我们可以从理论文献和专家的建议中得到许多启示。这些建议的目标不仅涉及该课程的基本知识结构，涉及学生必须掌握的基本技能和习惯，涉及学科的基本思想和理论体系，也涉及基本思维方式和研究理念。该学科科目专家所建议的目标的重要性是显而易见的。因此，科目专家的建议成为课程目标的来源便不难理解。

（3）来自对英语课程与教学知识结构的系统研究。

英语课程与教学研究课程的教学目标在一定程度上源自对其知识结构的系统研究。知识演进和研究是永无止境的，研究和探究是知识生成的基本途径，也是知识生成的基本属性。随着英语教师对英语教育研究和英语学科研究的不断深入，英语课程与教学研究逐步趋向合理，其知识结构更加系统，学科和课程内容更加丰富。这使英语学科学习的系统性更强，目的性更明确。

3. 英语课程设置的功能

英语课程的设置决定着教学的内容，也决定着教学实施的过程。同时，内容与目标是相辅相成的，两者在一定条件下互为因果，有着很高的依存度。英语课程与教学目标是多维的、多水平的。

英语课程的设置，首先，要激发学生的学习动机，保持学习的兴趣。动机和兴趣既是课程教学和学习的动因，又是维持学习过程的动力。教师应从学生课程学习的意义和作用着手，激发学习兴趣，培养课程学习热情。其次，英语课程的导向功能是指在课程教学过程中规定、组织和协调师生的行为。最后，英语课程具有标准功能，也就是说，课程设置的目标是课程评价的标准。课程目标体系是对学生学业成就进行评价和测量的基本标准体系；课程设置的目标是对课程产品进行检查和评估的基本体系。

4. 英语课程资源开发与利用的原则

（1）优先性。

学生需要学习的东西很多，学习时间也有限，因而必须在可能的课程资源范围内和在充分考虑课程成本的前提下突出重点，精选那些对提高学生学习英语能力有用的课程资源，使之优先得以运用。

（2）科学性。

我们对课程资源的开放与利用，必须有一个科学的态度。一方面，我们在选择课程资源的时候，要注意它的真实性和可靠性。另一方面，我们又要注意打破对于包括教科书在内的课程资源的迷信，我们要宽容和培养学生对于课程资源的质疑精神。

（3）适应性。

对于英语课程资源的开发和利用不仅要考虑典型或普通学生的共性情况，也要考虑特定学生对象的具体特殊情况，不能搞"一刀切"，要考虑他们现有的知识、技能和素质以及我们所能提供的资源背景。对于英语学习困难的学生，教师更应该使用适合其水平的资源，因人而异、循序渐进，使其能品尝英语学习的乐趣和成功的滋味。

（4）延伸性。

英语教学要求我们要尽可能多地使学生从不同的渠道、以不同的形式接触和学习英语，尽可能让学生亲身体验和运用英语。目前使用的教材在语言的交际性、文化性等方面有一定的局限性。因此，我们需要为教材内容的延伸找寻适合学生认知水平与能力发展需要，并与《课程标准》相适应的多元化课程资源，拓宽学生视野。

总之，积极开发和合理利用阅读课程资源是英语课程实施的重要组成部分，也是我国新一轮基础教育课程改革中的一个亮点。没有课程资源的广泛支持，再美好的课程改革设想也很难变成实际的教育成果。对于大多数英语教师而言，阅读课程资源的开发与利用是一种全新的尝试。它需要教师强化阅读课程资源意识，提高对于阅读课程资源的认识水平，合理开发和利用各种课程资源，满足不同层次需求，更好地实现英语阅读课程改革的目标。

四、阅读测试

(一) 英语阅读策略与阅读教学

对于阅读测试，目前还没有一种最好的测试方法，也就是说没有任何一种阅读测试方法能够覆盖测试的各个方面，不同的测试方法侧重于评估阅读过程的不同方面。例如，分离式阅读测试的目的在于一次只测试一个方面，但它很难评估出学生对阅读材料的全面理解。综合式阅读测试的目的在于评估学生对阅读材料的全面理解，它测试的是学生的综合知识能力。此外，还有完形填空、多项选择、简答、配对以及信息转换等各种评估阅读的方法。教师需要意识到在评估阅读过程及阅读结果时，任何一种方法的作用都有不足之处，我们应尽量使用多种方法和技巧，力求使我们对阅读测试的评估更加完善。

(二) 对阅读教学的评估

对阅读教学的评估包括定量和定性两种方式。定量评估包括分班测试、课内阅读测试和期末测试等。定性评估包括学生对阅读策略问卷的反馈、老师对课内阅读任务的观察、学生口头自陈阅读中的认知过程等。此外，下面几项策略也可以供教师用来进行评估阅读。第一，建立阅读日志；第二，设立阅读速度图表以显示阅读速度和成绩提高的情况；第三，记录阅读速度图表以从长远角度帮助学生更好地了解自己的阅读速度。教师应尽最大努力发现学生的兴趣以便在教学过程中满足学生的需求，阅读材料的内容要具有挑战性。一个人在阅读中取得的成绩越大，他阅读的动机就会越强。

第二节　英语阅读教学

一、英语阅读教学概述

阅读作为语言学习的基本技能之一，不仅使学习者获得了信息和乐趣，更是巩固和扩大目的语知识的重要途径。随着世界经济全球化的发展，英语作为国际通用语言的地位越来越高，因而阅读技能的研究和教学，自然也就成了人们关注的焦点。关于阅读过程及阅读教学策略的研究，在此背景下也就越发显得突出。

(一) 英语阅读教学的内容

阅读教学的内存包括培养学生的各种阅读技能，大致包括以下这些方面：(1) 辨认单词；（2）猜测陌生词语；（3）理解句子之间的关系；（4）理解句子言语的交际意义；（5）辨认语篇指示词语；（6）通过衔接词理解文章各部分之间的意义关系；（7）从支撑细节中理解主题；（8）将信息图表化；（9）确定文章语篇的主要观点或主要信息；（10）总结文章的主要信息；（11）培养基本的推理技巧；（12）培养阅读技巧。

（二）英语阅读教学中存在的问题

1. 教学观念上的问题

许多教师重视对知识的传授，轻视对阅读理解能力的培养，在阅读教学中，教师往往是讲解生词、逐句逐段分析，然后对一下答案，没有培养学生的阅读理解能力。事实上，阅读是语言技能的一部分，阅读能力的培养有助于学生提高分析、思考以及判断能力，拓宽视野，激发学习兴趣，提高人文素养，进而提高学生综合语言运用能力的重要意义，因而有必要对该问题加以重视。

2. 教学方法上的问题

目前的教学方法没有很好地体现英语课程标准，突出学生的主体作用，使得学生没有参与的热情，很难使学生形成良好的阅读习惯。尤其是在教研氛围不浓的学校的教师，对阅读教学研究不够，实践也不多，很难形成科学有效、易操作的教学方法。总地说来，由于教学方法单一、陈旧，很难激发学生的阅读兴趣，于是学生的阅读能力也很难得到提高。

3. 课程设置上的问题

虽然阅读是英语教学中的一部分，然而无论是教材还是课程设置上都存在着问题。每一个阶段各有侧重点，但教材的连贯性却没有做到位，缺乏必要的过渡。另外，阅读教学缺少明确的教学目标和教学计划，并且在课时、师资以及教学组织上得不到必要的保证，从而影响了阅读教学的效果。

（三）有关阅读理论的研究

最初由心理学家发起的英语阅读研究开始于19世纪末期。20世纪60年代以前的阅读理论研究具有明显的文学特征，并由此派生出从文字出发，在弄懂词句的基础上达到对篇章理解的阅读教学法。20世纪60年代以后，对阅读本质的研究得到了突飞猛进的发展，并先后诞生了信息加工、心理语言、交互、图式理论等阅读模式，这些阅读理论大概可以概括为三种类型：自下而上、自上而下、交互式阅读模式。阅读模式是阅读研究的一个重要方面，它对阅读研究以及阅读教育实践具有很强的指导意义。

1. 自下而上的阅读模式

在自下而上的阅读模式中，阅读被认为是一个静止、被动地接受过程，阅读能力只和文章的难度和语言能力的强弱有关。高夫等人支持这种阅读模式。心理学家高夫模式描述了整个阅读的过程，即从形象表征开始直至读者用言语对所读的内容作出反应为止的过程，即字词形象表征的形成、字母的辨认，词的认知、词在句子中的处理到记忆一系列的过程。句子中的词是系列地、一个一个地被认知的。支持这种模式的学者认为，阅读是通过辨认书面文字从而重构作者写作意图的一个解码的过程。在阅读的过程中，读者先分析文章中的小词块，前面的词块意义影响读者对后面词块的理解，直到最后理解整篇文章的意义。

这种自下而上的阅读模式强调词汇在阅读理解中的重要作用。高夫的模式可以说明阅读中的某些现象，但不能说明阅读过程中各种信息之间的相互作用。此外，这种模式重视句子理解而忽视整体把握，认为句法和词汇理解是阅读课的重要任务，虽然阅读中的系列处理有一定的理论支持，但具有严重的局限性。

2. 自上而下的阅读模式

自下而上的阅读解码模式一直受到人们的质疑，尤其是古德曼对它提出了强烈的批评，同时提出自上而下的阅读模式。古德曼认为，阅读是一种选择的过程，即在预期的基础上去运用那些可能得到的、最少的、从知觉中选择出来的语言线索的过程。他还提出，阅读是一种心理语言学的猜测游戏，有效的阅读并非精确地知觉与辨认所有文字材料的结果，而是选择对于产生有效的猜测来说是必要的而且是最少的、最有效的线索的技能。美国心理学家古德曼强调经验和理解的作用、背景知识的作用，认为阅读中只需要很少的关于文字方面的线索，忽视了阅读中基本知识的作用。因此，用绝对的从上到下的模式来进行阅读教学设计也是有困难的。

3. 交互式阅读模式

上面的两个模式通常被认为是线性的，各个阶段独立工作，然后把处理结果传递给下一个阶段。信息传递的方向是单向的。鲁梅尔哈特根据上述理论模式的缺陷提出了交互式的阅读模式，他认为，在阅读中诗意、句法、词汇、字母、特征水平的信息之间都在进行相互作用，从而影响读者最终对书面材料的解释，这些信息是在信息中心进行相互作用的。阅读过程不仅仅是从篇章中提取信息，而是阅读行为激活读者所使用的一系列知识。这种知识又反过来受到来自篇章的新知识的纯化与扩张。阅读被看作读者和篇章的对话，这个模式能够解释阅读过程中的许多现象，而用前两个模式来解释是有困难的。交互模式具有的包容性、严密性和条理性的特点，强调了篇章的文字显现，不同层次的语言知识和过程以及各种知识活动之间的相互关系，因而得到了许多阅读研究者的认同。

二、英语阅读教学的原则

鉴于上述对影响学生阅读能力提高因素的分析，为了达到阅读教学的目标，保证阅读教学的有效开展，要遵循以下原则。

（一）层层设问原则

层层设问原则主要是指教师在阅读教学中提出的问题应该具有层次性，一环扣一环，逐步揭示文章的主题。例如，教师在讲解 *Thomas Edison* 这篇课文时提出如下问题：

①Who was Thomas Edison?

②When Thomas Edison was five years old, he sat on some eggs one day, didn't he? Why?

③Why did Edison's teacher send him away from school?

④How do you think about Thomas Edison? Why?

⑤What can we learn from the text?

这五个问题由浅入深，层次分明，学生根据教师提出的问题，想方设法化难为易，在解决问题的过程中，掌握所学知识，逐步理解文章内容，并提高自己的分析理解能力。

（二）速度调节原则

阅读速度不一定等于理解能力。有的人阅读速度快，可是理解能力差；也有的人阅读速度慢，理解能力也差。针对这些学生，应加强一般阅读技能的训练和语言基础知识的学习，而不宜加快阅读速度。教师应根据教学的进程设置不同的阅读速度，在阅读教学进行之初，可以放缓阅读速度，注重对材料进行有效的理解。并且慢速阅读暂时也是一种需要，例如对于诗歌、散文、小说等，应该细细地品读，深入地分析领会，认真思考、品味、评价和欣赏。但随着词汇量的扩大，语义、句法知识的增加，语感的增强和阅读技能的提高，阅读速度亦随之增强。这个阶段就应该进行相应的限时训练，加强训练的强度，进而完成阅读教学的目标。可以说速度调节原则就是要求教师在阅读教学过程中做到张弛有度，根据不同阶段的教学目标做相应的调整。

（三）因材施教原则

由于学生之间存在着个性差异，因而学生学习阅读的进程就有所不同。因此，教师应注意满足不同水平学生的特殊需要，力争使每个学生都能相应地发展阅读技能。比如有的学生阅读成绩不佳，进而自暴自弃，对于这类学生，教师可以先给他们简单的阅读材料，并逐步增加难度，让他们看到自己的点滴进步，还要经常表扬、鼓励他们，帮助他们树立战胜困难的决心和取得进步的信心。而有的学生基础好，学习兴趣浓厚，课堂上的阅读常常满足不了他们的阅读欲望，针对这类学生，教师应向他们介绍和推荐世界名著等读物，布置一些富有挑战性的阅读任务，以满足其阅读欲望。总之，教师应根据每个学生的特点，认真分析，并将其分类，在教学中有意识地对其提出不同要求，采取不同方法，从而做到因材施教。

三、英语阅读教学的策略

阅读教学是为了实现从重视知识传授到重视技能培养的转移，而阅读教学的成功与否很大程度上取决于教学的策略性。这里主要从阅读前、阅读中以及阅读后这三个过程，探讨具体的教学策略。

（一）阅读前的策略

阅读前的活动是为学生了解文章大意做准备，它包括引出主题、提出问题、交代任务，其目的是激发学生的阅读兴趣，使学生尽快进入文章角色。一般说来，阅读前的活动有以下几种。

1. 扫除障碍

对于学生来说，影响阅读的最重要的因素莫过于词汇了。教师应在阅读前通过游戏、动画、图片、故事、对话等形式，设计语境导入词汇，扫除词汇障碍，从而更好地帮助学生阅读。教师可以通过"学案导学，先学后教"的方式在课前指导学生预习，并布置难度适当的预习题，使学生明确预习的目标，从而做到有的放矢；同时有助于培养学生自主学习能力和自主学习习惯，为课堂教学的顺利进行做好心理和知识的准备。这种有针对性的预习使课堂的节奏明显加快，为阅读课文后的巩固理解，即课文的"升华"处理赢得了时间，从而加大了课堂的容量。

2. 以旧引新

俗语说，字不离词，词不离句，句不离篇。一篇文章是由无数句子组成的，而句子又是由单词通过语法结构构成的。一般说来，一学期的英语课要教授的语法不是很多，并且语法的难度呈现的是递讲的趋势。有的时候是几个单元共同呈现一个语法点，教师在教授的时候，就要经常重复这些语法点。当学习新的语法点时，教师通过重复旧的语法知识，引出新的语法点，通过对旧知识的复习，实现知识的再现和滚动，从而加深学生的印象。

3. 激活背景

语言是文化的载体，学好一门外语，不只是多背单词，更要了解异域的文化。因而教师在阅读教学之前，有必要介绍一些与文章有关的社会文化背景知识，让学生对将要阅读的内容有一定的了解，从而激发学生进一步阅读课文的欲望。比如，教授与 Halloween 有关的课文，教师就有必要提前从网上下载一些文字资料进行展示，唤起学生已有的知识与生活经验，同时放映一段万圣节的影像资料，并提问："What do you know about Halloween?"，让学生交流观后感，得出一个大致的结论："It's an autumn festival."进而引出学习的目的，而后通过进入课文，一步步地解决问题，这样课文中的难点也就迎刃而解了。

4. 预测情节

教师在授课之前可以让学生根据课文的题目和一些关键词，展开想象，大胆预测情节，激发学生阅读的兴趣。这种策略不仅锻炼了学生运用已有的知识，还培养了学生的逻辑推理能力。每篇文章都有篇名，好的篇名常常包含了文章的中心思想。例如，在学习 *Earthquakes* 这篇课文时，学生看到篇名就会想象这篇文章的主要内容，并由此联想到中外闻名的大地震，以及地震的起因、反应和结果。教师在此时适时地引导，激起他们急于阅读的欲望，去印证他们的猜测，不论学生的猜测正确与否，最终都会有助于对课文的理解。另外，教师还可以根据课文中的关键词引导学生预测课文的内容，可以让学生独立预测，也可以采用小组讨论的方式预测，让学生充分发挥想象，将关键词进行排序，猜测故事的发展过程，然后通过阅读文章验证自己的猜测，最后根据关键词复述故事。

（二）阅读中的策略

传统的阅读课通常是通过判断正误、提问、解释句子以及翻译等几种活动来进行的。心理学家古德曼认为阅读是一种"心理语言学的游戏"。学生在阅读中可以了解课文中的一些语言现象，进而获取较详细的篇章信息。阅读的过程，实质上是认识层次的推测与验证相互交替的过程，因而这里所要谈论的阅读中的策略是强调对阅读过程的分析，而不是针对传统的阅读结果。阅读中的策略主要有下面几种。

1. 略读

正确的略读可使人用很少的时间接触大量的文献，并挑选出有特别意义的部分。可见略读是一种选择性阅读，对于信息也是有选择地获取，因而并不要求学生逐词逐句地阅读。略读的目的是尽快了解文章的大意或中心思想，所以学生可以有意识地略过一些词语、句子，甚至段落。这种策略注重的是文章的大意，而不是细节。

在略读中，我们首先要关注的是文章属于什么题材，涉及了什么内容，然后在阅读的过程中，要注重文章的第一段和最后一段，以及各段的第一句和最后一句，因为，第一段是一篇文章的大概，有助于我们抓住主要情节和论点，而各段的首句和末句则给我们提供了文章的线索。具体说来，略读时应该注意使用以下技巧。

①注重文章的题目、小标题、黑体字、斜体字以及画线部分。

文章的题目常常是文章内容的宗旨，利用题目我们可以对文章的内容做到心中有数。而小标题是各部分内容的概括和浓缩，至于黑体字、斜体字和画线部分通常是作者提醒读者加强注意的重要信息。

②着重阅读文章的第一段和最后一段，以及各段落中段首的主题句和段尾的结论句。

文章是由段落组成的，段落是由句子构成的，然而它们并不是东拼西凑的，而是有一定的章法。一般说来，文章的首段是对全篇的综述和概括，尾段往往是总结。在段落中也是一样，首句通常是主题句，而末句常常是结论句。掌握文章和段落的这种结构有助于有效地略读。

③注意关键词语和关联词语。

关键词可以反映在特定的场景下谈论什么话题，因而大多同文章的主题有关，利用关键词可以推测文章的主题。关联词包括很多种，如表原因、递进、顺序、转折等。通过关联词，我们可以预测下一段与上一段的关系，由此判断作者的思路和观点。

2. 跳读

跳读的目的主要是根据问题去寻找答案，尤其是在时间来不及通篇阅读，而对选择题的几个选项又无法判定时，宜采用这种策略。

跳读是为了准确定位详细而又明确的信息，在采用该种阅读方法时，一般需要采取以下步骤：

①读懂问题，并大致了解四个选项，确定所要寻找的是哪类信息以及这种信息以何种形式出现。例如，如果你想知道是谁做了某事，你就会特别关注人物；你想知道某事的发生时间，你就会寻找日期。

②根据问题提供的线索，快速回到原文中去，明确到哪里去寻找所需的相关信息。

③快速搜寻，找到你所需的信息后，认真阅读上下句，并对其进行加工处理。对于阅读问题中要求选出的时间、地点、人物、做事的方式、事情的起因和结局之类的信息，可以边谈边做标记。

④对于与本题无关的信息，可以略讨。

⑤再返回到阅读问题中，比较问题的四个选择项，然后确定哪一个和文章中的信息是一致的。

在平时的训练中，教师应该注意对学生这方面的培养。无论是在日常的运用中还是考试中，如果对每个词、每个句子都细细咀嚼是不现实的，尤其是对一些通知、广告之类的应用文，略读可以快速地进行信息的比较、筛选，提高解决问题和处理信息的能力，从而达到高效准确的实用效果。

运用这种阅读策略需要注意的是，对于一些关键词和关联词，在平时的训练中要及时总结，这样在考试中可以提高解题的速度。比如表示空间顺序的词语有 on the top、in the middle of、at the bottom of 等；表示文体顺序的单词及词组有 firstly、then、after that、for example、in addition、finally、in short、in a word、generally speaking、shortly speaking、therefore、in conclusion、for this reason 等。掌握了这类关键词，可以提高学生对关键词的敏感度，从而节省时间。

3. 寻找主题句

确定主题思想是正确理解文章的关键，而要想确定主题思想，就必须找准主题句。主题句一般概括了文章的大意，结构简单，一般不采用长难句的形式，并且段落中的其他句子必定是用来解释、支持或发展主题句的。主题句的位置通常出现在开头和结尾，但也不排除在中间的位置，还可能无主题句。在这里本书主要介绍三种情况。

（1）主题句在段落开头。

主题句位于段首的可能性最大，作者通常先引出一个新话题，然后围绕这一话题详细展开叙述。把主题句放在段首，开门见山，主旨明确，阅读时读者很容易把握。参见下面例文：

In a number of ways, community college is making it easier for older students to attend college. For example, the college now offers courses on Saturdays. Classes on those days appeal to those students who, because of work or family responsibilities, cannot enroll in courses during the week. In addition, many departments in the college have begun to offer credits for life experience, so students with the work needing to travel outside their cities or their countries can complete their degrees more quickly. Finally, the president of this college has announced that the students would attend classes if they had a pleasant and safe place to leave their children.

这一段即为"总起—分述"类型，开篇第一句很明显是主题句，分述部分用信号词"for example"引出，叙述时又用"in addition、finally"等序列信号词逐层标出展开，条理十分清楚。

（2）主题句在段落结尾。

如果主题句位于段尾，那么作者通常采用归纳法撰写，也就是采用"分述—总结"的模式。主题句往往是对上文的归纳和总结，或者是对以上的描述提出的建议。主题句在段后通常是和一些词相关联的。比如 in short、in a word、it is clear that、generally speaking、thus、shortly speaking、therefore、in conclusion、for this reason 等。当然，并不是所有出现在段末的主题句都有信号词作为标记。但从语义上看，先分述后总结的结构模式还是很容易分辨的。

（3）主题句暗含在段落之间。

不是所有的段落都有主题句，尤其是在多段文章中。当阅读这样的文章时，我们就要抓住文章的细节，包括事实、观点、事件的分析，在大脑中形成初步印象，然后发挥自己的逻辑概括能力，综合归纳成一般概念。或是根据作者提供的事实、观点和事件对各段落中心思想进行概括来体会整个文章的主题思想。参见下面例文：

Early in the 18th century, Captain Cook, a very famous world explorer, saw an unusual animal accidentally during his first visit to Australia. The animal had a large mouse-like head and jumped alone on his large legs. To his great surprise, the unusual animal carried its young in a special pocket of flesh. Cook pointed to the animal that was eating grass in the distance and asked his native guide by saying "What's the name of the animal eating over there?" The guide appeared puzzled and finally said, "Kang-a-roo." Cook carefully noted it in his notebook. The Europeans who later came to Australia were anxious to see what a kang-a-roo looked like but their requests were always met with puzzled looks. They soon discovered that the native who had answered Cook's questions really meant, "I don't know what you're pointing at." Funnily enough, the name "kangaroo" stuck and is sill in use today.

此段文章没有一句可以概括为主题句，所陈述的全是细节。本段借 Captain Cook 有趣的澳洲之行叙述了"袋鼠"一词的来历。综观全文，不难揭示文章的主题思想为"Some words have funny and strange origins"。

4. 信息转换

为了把文章中的信息保留在记忆中，可以对信息进行转化，从而加深印象。在阅读教学中常使用的转换方式有：（1）图画；（2）加小标题；（3）表格；（4）地图；（5）循环图；（6）流程图；（7）树形图；（8）条形统计图；（9）圆形分格统计图表；（10）按年代顺序再整理。以上列举的转化方式便课文形式的信息变成了可见信息，这样有利于第二语言学习者在阅读中理解意义。下面就具体的例子加以说明。阅读下列短文并在阅读中完成下面的表格。

At 5：13 on the morning of April 18th，1906，the city of San Francisco was shaken by a terrible earthquake. A great part of the city was destroyed and a large number of buildings were burnt. The number of people who lost homes reached as many as 250，000. About 700 people died in the earthquake and the fires.

Another earthquake shook San Francisco on October 17th，1989. It was America's second strongest earthquake and about 100 people were killed. It happened in the evening as people were traveling home. A wide and busy road which was built like a bridge over another road fell onto the one below. Many people were killed in their cars，but a few lucky ones were not hurt.

Luckily the 1989 earthquake did not happen in the centre of town but about 50 kilometers away. In one part of the town a great many buildings were destroyed. These buildings were over 50 years old，so they were not strong enough. There were a lot of fires all over the city. The electricity was cut off for several days too.

表 2-1 地震的情况

	Time	Date	Location	No. of people	Damage
Earthquake in 1906					
Earthquake in 1989					

教师要求学生在阅读中填完表格，而不是阅读后，然后根据此表格提问，通过对时间、地点、死亡人数、毁坏程度的比较，让学生比较这两次地震的后果，从而得到正确无误的信息。

5. 提问

提问是阅读教学中最常用的方法之一，然而提问也是有层次的，教师在提问时应着重把握提问的频率和难度。根据学生需要掌握的信息来划分，提问包括以下五种类型。

①表层理解，即在课文中可找到问题的答案。

②深层理解，要求学生根据文章提供的信息以另一种形式组织或解释。

③推理性理解，要求学生对文章句子中字里行间蕴含的意思加以认真阅读和思考，做出准确推理。

④评价性理解，要求学生根据材料所提供的信息做出正确判断。

⑤个人理解，这源于学生对课文内容的理解和反应。

以上这五类问题，教师不可能都涉及，可根据具体情况，做相应的调整。下面我们以 *Standing Room Only* （只剩站立之地）这篇短文为例，具体阐述阅读课中具体的提问结构。

根据这篇短文主要可体现三个类型的提问：针对表层理解，教师可以提问"How many new babies do people have to find for in one day ."" What may be the greatest problem of the world today?"之类的问题，这类问题只是机械地重复文中的主要内容，使课文内容再现，教师在学生表层理解的基础上，可进一步提问"What is the author's attitude to wards the population problem?" "How does the author show the seriousness of the problem?"这些问题是建立在进一步理解的基础上的，虽与主题有联系，但在文中又没有明确表述，需要进行逻辑推理方可得到。为了提高学生评价文章的能力，同时也获得运用英语进行交际的能力，教师可以把评价性问题设计"What is your opinion towards the population problem?" "What do you think we should do to solve the problem?"在阅读教学的过程中，教师可以根据不同的进度提出不同的问题，也可以让学生自己提出问题，培养学生自主提问题的意识。

与阅读前活动一样，在教学中应该对不同的文章给予学生目的性指导，不能同时使用以上的所有活动。

（三）阅读后的策略

阅读后阶段是巩固和运用所学知识的重要环节，旨在练习、巩固和拓展学生在阅读过程中所学的语言知识，并培养其说和写的能力。这一阶段的教学，教师应该充分发挥学生的创造力和想象力，并应根据学生水平，设计一些与课文内容有关的活动，给学生提供机会，让他们流畅地表达阅读后的感受。具体的活动有以下几种：

1. 复述

复述是一种比较有挑战性的口语练习。在学生了解阅读材料的内容并掌握了生词的情况下，教师可以让学生根据关键词和图片复述阅读材料的主要内容。

2. 转述

对于对话性质的语篇，可以让学生用第三人称转述所学的内容，引导学生将对话转述为描述性的语篇。

3. 填空

教师可以写出课文概要，留出一些空白让学生填，并鼓励学生尽量使用不同的词和短语。

4. 写作

这里的写作是指对阅读材料的仿写和续写。教师可以安排学生根据所读材料写课文摘要，或者写一个广告，对产品进行具体的描述。当语篇是一篇叙事性文章时，教师可以让学生展开想象，续写故事，培养学生的发散思维。

　　总之，培养学生的阅读能力，是一个渐进的复杂过程，切忌操之过急。养成良好的阅读习惯是前提，兴趣是动力，必要的阅读技巧指导是关键。另外，每篇文章的阅读不可能都用上之前提到的这些策略，但是恰到好处地用到其中的一两个，不仅可以激发学生的兴趣，而且可使他们的阅读有方向性，做到事半功倍。

第三章　英语阅读的影响因素

第一节　词汇知识

一、词汇相关概念的界定

（一）词汇知识的概念

相关学者从词汇的广度和词汇的深度来理解词汇知识，也就是我们所说的词汇量的大小和对词汇的掌握程度。从这两方面可以考查学生对于英语词汇数量的掌握，还可以看出学生对词汇深层次的掌握。

英语阅读中的词汇知识还应该包括学生对所掌握的词汇知识的运用。词汇知识的广度、深度和运用，是对学生在阅读中词汇知识方面的学习要求。这三者之间相互作用，形成词汇知识的动态模型。

（二）文化内涵

1. 文化的定义

所谓文化，指包括人在内的天地万物之间所产生信息的融汇、渗透，这种融汇、渗透是以精神文明为导向的。文化这一概念所包含的内容十分广泛，因此，很难对文化进行严格和准确的定义。诸多专家学者，不管是哲学家、社会学家，还是历史学家和语言学家等，均尝试从各自的学科领域出发，试图从不同的角度对文化的概念进行界定，但人们却始终没有找到他们所广泛认可的定义。以下可以从两个角度对文化的定义进行简述。

（1）广义的文化。

所谓广义的文化，即人类在社会发展过程中长期积累创造的财富总和，既包括物质财富，又包括精神财富。文化主要包括三方面的内容：第一，显性文化，主要是指由人类创造的物质文明。人类社会中的工具、服饰、日用品等，均属于物质文明的范畴。第二，隐形文化，主要包括制度文化和心理文化。所谓制度文化，指生活制度、家庭制度、社会制度。所谓心理文化，指思维方式、审美心理等，涉及文学、哲学、政治等学科领域。第三，人类创造的精神财富，不仅包括信仰、风俗习惯，而且还包括科学技术等。

所谓广义的文化，一方面，从人类与一般动物的角度出发，围绕人类社会与自然界的本质区别进行研究；另一方面，从人类区别于自然的独特生存方式的角度出发来研究文化现象，由于这些研究涉及的领域十分广泛，所以被称为"大文化"。人类认识世界的方法和观点并不是一成不变的，随着科学技术的发展，人类的方法和观点也在不断发生着改变，因此，人们对文化的界定也将愈发开放与合理。

（2）狭义的文化。

所谓狭义的文化，指人们普遍的社会习惯，譬如人们的衣食住行、风俗习惯等。一般来讲，我国学者将狭义的文化特指为精神财富，这与美国文化人类学家克拉克洪的理解一致，他指出狭义的文化即历史和文学中的文化，可以将这种文化理解为某种文化素养。当人们提到"文化"一词，首先想到的是它的狭义方面，即文化的精神形态。

2. 文化的特征

（1）后天性。

人们并不会先天就继承本民族的文化，只能通过后天的习得来获得。首先，人的感知器官为人的文化习得奠定了生理基础；其次，人们所处的社会环境对人们的文化附属起着决定作用。可以说文化是人们进行社会活动的一条准绳，对人们生活的方方面面起到制约作用，人们一旦与这种约束相脱离，就会受到相应的惩罚。可见，文化对人的行动具有引导作用。

在人们转换不同文化空间的过程中，可以发现文化之间不仅存在共性，而且也存在个性。例如，每一种文化都体现了对真、善、美的追求，但是不同文化对这一追求的表达和实现的方式也是不同的。

（2）普适性。

所谓文化的普适性，即在人类看来，任何一种文化都是物质和非物质产物的集合体。任何一种文化的外在表现方式都千差万别，但是可以在其细节上发现文化的共同点。由此可见，文化所包含的内容具有一致性，随着全球经济文化的发展，文化也呈现出了趋同态势，人们对真、善、美愈发追求和认可，这一观点也逐渐成了人类共同的价值观。

除此之外，文化的普适性还体现在，任何一个民族文化的发展变迁均经历了从野蛮、未开化走向文明，从不完美走向完美的过程。

（3）民族性。

毋庸置疑的是，文化具有民族性，并且相关实证数不胜数。美国人类学家鲁思·本尼迪克特提出，文化就像人一样，在思想与行为模式方面，多多少少都会存在一些相同的模式，即任何一种文化的内部都是一致的，且每一个民族都对独具本民族特点的价值观进行着传承。受这些价值观的影响，个体之间的异质性会被统一在共同的目标之下，可见，文化有助于民族认同感的培养。以人类社会中关于"美"的认识为例，处于不同文化背景下的人们对于"美"有着不同的见解，"美"也有着不同的表现形式。

当不同文化背景下的人们进行交往时，跨文化交际就产生了。对于跨文化交际而言，文化所具有的普适性和民族性对其具有非常重要的意义。正是因为文化之间存在着一定的共性，人们才可以顺利进行跨文化交际活动。不同的文化之间具有可参考的共性和范式，使文化冲突的调和得以实现，使交际双方可以理解对方文化与本民族文化之间的差异。同时，正是由于文化本身所具有的民族性、差异性以及个体性，才使人类文化变得如此丰富多彩，而且文化具有的这些特性，不仅为跨文化交际提供了前提，而且也是对跨文化交际的挑战。例如，指称同一事物的词语，由于不同文化背景下的引申义或联想意义不同，也会造成交际的失误。

（4）动态性。

文化对一个人身份的认同感起着决定作用，但这并不意味着个人始终信奉着一成不变的文化。文化具有动态性，不管是从广度上来讲，还是从深度上来讲，文化之间的相互影响都有了较大的发展。例如，"土豪"一词的走红和流行，意味着在推动文化的流动性方面，新兴网络媒体的作用功不可没，自新浪开通"微博"以来，人们在这个新开辟的新大陆上获得了新的话语权。这些新词语不仅引发了网络的集体狂欢，而且使我们重新分析了自身的文化符号，甚至也吸引了西方媒体的广泛关注。从跨文化交际的角度来看，这无疑开辟了一条新的交流渠道。文化的动态性也表明，不同民族文化之间并不存在不可逾越的鸿沟，随着跨文化交流活动的日益频繁，高语境文化与低语境文化之间的界限也越来越难以分辨。

3. 文化的表现形式

一种文化系统的内部往往呈现出不同的姿态。如在中国，东南西北的民风习俗各异。如果将中华文化这个大系统称为主流文化，那么那些地方性的、个别群体的、少数民族的文化就是亚文化。亚文化虽然与主流文化存在差异，但仍然是一个价值观、态度、行为模式、生活方式的体系。克罗伯和克拉克洪将文化分为外显文化和内隐文化，他们认为，只有真正理解了内隐文化，才能更好地理解文化的本质。

文化是一个大范畴，广义的文化包括人类改造过的自然或自然物和政治、经济、艺术、哲学、民俗、心理等社会生活的各个方面，它可以分为实物、风俗习惯和制度、思想产品和心理意识等多种层次。鉴于此，文化被划分为物质文化、社会文化、精神文化。其中，社会文化指集体交往或社会交际文化，是我们所讲的狭义的文化。文化可以被广义地定义为某一特殊社会生活方式的整体，包括罗马文化、印度文化、阿拉伯文化、华夏文化等。同时，这一整体中的部分，因为能够体现该文化的特色也可以被称为某种文化，如饮食文化、园林文化、武术文化、服饰文化等。

（三）词汇中的文化内涵

语言是人类特有的一种交流方式，语言也是一个民族文化中最积极、活跃的部分，也最能反映出社会生活的变迁、科学技术的进步、民族文化的进步和发展。语言作为文化的载体，是通过建构语言基石的词汇显现出来的。语言中的文化差异首先在词汇中体现为丰富的文化内涵。

1. 概念意义

词汇的意义首先是能够指代或描述某种事物，这也就是词汇的基本意义，即概念意义。词汇的概念意义具有抽象性，与所描述的客观事物不会发生直接的联系。在人的交际活动中，词汇的概念意义是核心因素，正确理解和表达词汇的概念意义，就会促成成功的交际。

2. 习语的含义

英语中的习语是我们在阅读中常见的词汇，是英语词汇的基本组成部分，英语中的固定习语能够反映出英语民族、英语国家的地理风貌、历史文化和思维习惯。这些因素也是一个国家和民族文化中必不可少的组成部分。因此我们在英语阅读中要牢牢掌握英语习语，以便在英语交际中能够使用得当的习语，顺畅地进行英语交流和沟通。例如，英文中的"let one's hair down"是放松的意思。因为在早期的英国，无论是在什么场合，妇女的头发必须要向上梳理得很整齐，只有自己独处的时候，才可以将头发放下来，因此，这句话的含义才会被翻译成放松，如果不理解当地的风俗习惯，是很难理解的。

中国自古以来都格外重视礼仪，如常见的"礼尚往来""先来后到"等，都体现了中国人的行为方式与处事态度，中国传统文化也注重人们之间的友好相处、互相帮助。中国最常见的对话开篇是"你吃饭了吗？""你要去哪里？"等，这在中国是很常见的对话形式，可以体现出彼此之间的关心，但是英国文化强调自我意识，并不会觉得这是一种关心，而是对个人隐私的一种侵犯。

英语中的短语词组能够从单词的组成部分上来判定其大概的意义，而习语的意义要从习语的来源、语法和句法功能、语篇的上下文理解等多个角度来判定，要从每个构成习语的单词文化内涵中了解和掌握习语的文化内涵，更要从习语的整体功能和上下文来正确理解其含义。例如，因纽特语中描写雪的词汇很多。因纽特人用不同的名词来表示"地上的雪""正在落的雪""正在堆积的雪""堆积的雪"等，这是因为他们居住在寒冷地带，不同形式的雪对他们的生活（旅行、狩猎、娱乐及其他活动）起着十分重要的作用。而英语中表述雪的词只有一个（snow），阿拉伯国家的语言中根本没有雪这个词，原因是阿拉伯国家不下雪，雪对人们来说是非常陌生的。

英语习语中的"sudden as April shower"翻译成中文就是"骤如四月阵雨，突如其来"。根据中国人的传统思维，肯定会联想到夏雨，而不是春雨，这种理解上的差异主要是由两国地理位置上的差异造成的，中国与英国分别属于不同的半球，有着不同的自然地理气候，自然理解起来会有不同。

3. 内涵意义

词汇的内涵意义是区别于概念意义的反映客观事物本性和特点的词汇文化内涵。源于中西方不同的文化背景，人们对同一个单词的内涵意义会有不同的理解。同一种词汇在不同的国家与民族会有着截然不同的含义表达，这也体现了不同的民族心理。在英汉语言中，相同的动物，却有着不同的内涵意义，英国人喜欢的动物，并不代表中国人也喜欢。例如，英语中的"dog"与汉语中的"狗"，尽管它们的概念意义是相同的，但内涵意义却不一样。汉民族厌恶"狗"的文化心理自古有之，在汉语词汇中，由"狗"组成的词语大多含贬义，如走狗、狼心狗肺、狐朋狗友等。而英语中 dog 一词的中性用法很多，它常被用来泛指"人"，如 a clever dog（聪明的人）、a lucky dog（幸运儿）、an old dog（年事已高的人或经验丰富的人）、to help a lame dog over a stile（助人于危难）等。

4. 文化对词汇意义的影响

语言是文化的组成部分，语言不仅能够记载和传承文化，而且还能对文化加以反映，二者之间是密切相关、相辅相成的关系。语言不仅是文化的重要组成部分，而且也是实现人类交流的重要工具。社会文化在一定程度上会影响语言的发展，如果对某一民族的文化不了解，就不能与其进行有效的交流，反之，文化也会影响语言的含义与结构，文化的变化也会带来语言上的变化，可能是词义也可能是语法的变化。

伴随着时间的推移和社会的发展变化，我国经历了白话文运动、汉语拼音运动等，这些对于汉语的发展都产生了影响。新事物、新思潮的出现，也会在很大程度上改变很多词汇的意义。

不管是在汉语还是在英语中，这样的例子俯拾皆是、不胜枚举。例如，"bug"原指虫子，现在的意思是"硬件或者软件中的漏洞"；"hit"原指打击，现在的意思是"点击"（进入某个网站）等。伴随着时代的发展，文化会赋予这些词汇不同的含义，文化不仅对这些词汇进行了创造，而且还能对这些词汇的含义进行改变。词汇对文化的发展进行了记录，体现出不同时代的文化特征。

二、英语阅读中的词汇教学

（一）词汇展示

词汇的三个结构要素是音、义、形。词汇的音是表达和理解词汇意义的媒介；词汇的义，反映的是人类对某一事物的概括，包含两种，一是概念意义，指的是词的本身意义，不包括词的延伸意义和扩展意义；二是关联意义，指的是词的文化含义或特定环境中的含义。例如，cap 一词，字面的意思是帽子，但是它还有很多关联意义，在特定的环境中，put a cap on 可以表示制止、约束的意义。这种词义的延伸和扩展已经与原来的概念意义大相径庭了，充分说明了语境在词汇中的重要性。

教师在进行词汇展示的时候，尽量结合相关阅读材料来进行。在听阅读材料或者读阅读材料之前，教师可以先将学生要掌握的词汇展示出来，带着目标去听或者读。在听后或者读后，教师可以根据文章提出一些相关的问题，通过填空、举例、问答等方式来进一步解释词汇的含义、结构以及用法。

（二）词汇训练

1. 归类记忆

词汇本身具有不同的词性，在进行记忆的时候，可以按照不同的分类进行记忆。

2. 阅读记忆

学生还可以通过阅读的方式来记忆单词，利用上下文的语境来理解单词的意义，帮助记忆。阅读训练还分为精读和泛读，教师要指导学生进行有意义的阅读训练。有针对性的阅读，不但可以帮助学生记忆学过的单词，还可以帮助学生认识一些新的单词。

3. 最佳时期记忆

人类的记忆分为三种：一是瞬时记忆；二是短时记忆；三是长时记忆。当我们感知外界信息时，最先形成的是瞬时记忆，此时以事物的物理属性进行编码，处于前注意状态，即还没有被人注意到。当事物被注意到，并且进行语音编码之后，进入短时记忆。当短时记忆被复述，进行语义编码后，进入长时记忆状态。短时记忆的伸缩性较大，可以在课堂上记忆更多单词，但是容量有限，只有在课后进行语义编码，进入长时记忆状态才能有效地记忆单词。

4. 拆词记忆

拆词记忆法主要是通过前缀、后缀、词根来理解词汇并记忆。这种记忆方法适合语言水平高的学习者，要求学习者在遇到生词的时候能够对生词进行拆分，分析出生词的词缀和词根，然后分析各个部分的意义，最后联系词典中的意义对生词进行理解和记忆。

5. 猜测记忆

猜测记忆法是由内申提出来的，他指出猜测记忆法的实施主要分为五个步骤，具体为：①仔细观察单词，确定词性；②联系上下文语境；③研究从句的关系；④根据前三步猜测词义；⑤检验猜测结果是否正确。

经过验证，学习者需要掌握 2000 个单词以上，才能够使用这种方式来推出新词汇。虽然这一策略能够帮助学习者学习新词汇，但需要指出的是，猜测记忆策略是需要依靠大量实践来获得的。另外在阅读理解中也会有猜测词义的题目，遇到这类题型，就要根据文章中的各种关系来寻找线索，从而推断出生词的大意。

（三）词汇应用

1. 装饰房间活动

该活动适合中等层次以下的学生，教师可以提供一些单词或词组，比如 bathroom、kitchen、reading-room、bedroom、sitting-room、the front-door 等，然后组织学生用这些单词或词组布置自己家的不同房间。在这个活动中，教师可以把学生分成几个小组，也可以随机抽取学生作答。

2. 词汇旅行活动

进行词汇旅行活动，需要教师选择一个学生熟悉的城市，找到城市中比较著名的五个旅游地点，然后用单词或者词组将其表示出来。由学生作为游客，利用教师所给出的单词将自己的旅行描述出来。

3. 同义词和反义词配对活动

这一活动需要教师提前准备大量的词汇，在课堂教学的时候展示给学生，并告诉学生这些词汇中包含很多同义词和反义词，由学生将这些词找出来，写出语义，并对这些同义词和反义词进行讨论。

第二节　篇章类型

一、篇章结构概述

（一）语篇结构和篇章结构

1. 语篇结构

语篇的结构模式是人们在特定文化的具体语境中使用语言来完成交际目的的习惯方式。就严格意义来讲，语篇的建构方式与所使用的语言没有必然联系。文化直接决定语篇的建构方式，包括对客观世界的认知以及人与人之间的关系、人与社会之间的关系等。文化因素直接决定人们建构语篇的性质与特点。

西方传统文化比较注重个体，交际双方相对平等。这样的文化观念也体现在个人写作之中，一般都是直抒胸臆、不拐弯抹角、很少掩饰的。中国传统文化则恰好与之相反，中国传统文化比较注重群体，习惯将个人观点隐藏在群体观念之中，个体是否会被归属于群体，就要看双方的关系以及特征。中国人在写作过程中喜欢隐晦地表达自己的观点，更喜欢使用名人名言与成语来表达自己的写作意图，通过借鉴具有权威性的观点来获得他人的认可。因此，语篇的差异与使用的语言之间的不同并无本质上的联系，而与人们对语言的使用，即话语密切相关。使用不同语言写成的语篇，其相似性有可能会大于使用同一语言写成语篇的相似性。即便是使用同一语言写成的语篇，其差异也有可能大于与另外一种语言语篇之间的差异。简单来说，英汉语篇之间也可能会存在某种相似，同样的语言的语篇，也会存在内部之间的差异，甚至还会出现大于另一种语言语篇的差异的现象。在英语阅读教学中，要让学生体会到这种语篇结构中表达的差异性，理解不同语篇的结构特点。

总的来说，语篇的结构之间的差异就是所接受文化教育的差异。这已经成为不可否认的事实。特别要指出，事实上，不同民族语篇的结构差异体现了不同的思维方式。中国人常常是先摆事实、讲理由，然后再得出结论；而英美人一般是先表明自己的立场观点，然后再加以论证。就最终呈现的表达效果来讲，虽然使用的方式不同，但是呈现的效果一致。

在不同传统文化的影响之下，东西方的思维方式与表达方式存在差异，因此会在跨文化交际中产生一些误解。例如，英美人经常觉得中国人讲话不着边际；在中国人看来，西方人那种刚认识就表达自己立场的做法有些不礼貌。

2. 篇章结构

上述语篇结构对比和语篇结构表达固然对阅读理解有一定的影响，但是研究篇章的阅读有必要研究篇章的组成形式，也就是篇章结构。篇章结构指的是，在篇章中思想、概念是怎样联系起来从而把一定的信息传达给读者的。为了研究篇章中的思想是怎样联系起来的，必须弄清楚在篇章中反复出现的许多关系。

尽管研究篇章结构的心理学家不一定都同意这八种类型的关系，而且几乎不同的心理学家都强调了篇章中不同类型的关系。但是，他们在强调研究篇章结构时必须研究篇章中的各种关系这一点上是相同的。

从阅读心理学的观点来看，英语阅读离不开篇章结构的研究。弄清楚篇章结构对学生英语阅读的帮助，具体有以下三点：①根据篇章结构这种维度的研究，学生可以评价所阅读材料的篇章结构，找出篇章的相同和不同之处。②通过对篇章结构的分析，学生可以获取有效的信息。③可以说明在篇章与读者了解篇章之间所出现的某些现象。

篇章结构描绘了篇章所表达的思想之间的关系，表明了篇章的作者是怎样组织他们的思想去传达一定的信息的。因此，篇章结构成了篇章的一种基本属性。

（二）篇章分类及篇章模式

1. 篇章分类

河南大学外国语言学教授刘辰诞认为，对篇章的分类可借助外部标准和内部标准。不少学者用内部标准对篇章进行分类。语言学家艾根·沃里希在 20 世纪 70 年代提出一种根据文本的形式特征识别文本类型的理论，他把篇章分为说明类、叙事类、描写类、辩论类以及指导类五个观念化、抽象化的类型。

2. 篇章模式

篇章模式可以从篇章的形式、篇章的内容结构方面对篇章进行分类，这实际利用的是篇章的内部标准。不同的篇章类型，使用的是不同风格的篇章语言，所使用的篇章模式也是不一样的。在开始组篇的时候，篇章类型是基本的要素，只有确定了篇章类型，才能形成篇章的表层结构，而篇章模式就直接制约了篇章结构的形成。

对于篇章模式，有以下几种常用的形式。

①问题—解决模式。在论辩、说明性等不同类型的篇章中，常常会出现这种篇章模式，用来表达不同的主题和语境。

②主张—反主张模式。这种模式是论辩类的英文篇章中常用的模式。

③叙事模式。这种篇章模式普遍运用于篇章中的叙事性段落，故事、逸闻等篇章模式

也属于叙述模式的范围。

④提问—回答模式。区别于第一种篇章模式的地方，是这种模式一般总是在篇章开头设置一个明显的、用提问方式表达的问题，篇章的发展主要是寻求对这一问题的令人满意的解答。

⑤概括—具体模式。这种模式的宏观结构大致有两种：一种是先进行概括描述，再进行具体的陈述，最后概括陈述；另一种是先进行概括陈述，再进行具体—更具体—再更具体的陈述，最后进行概括陈述。

二、常用篇章类型知识

（一）记叙文的篇章知识

记叙文也称叙述文，是以人物的经历或事件的发展变化过程和结局为主要内容的一种文体。记叙文的篇章结构中运用的表达方式有叙述、描写、议论和抒情等，这样在叙事的基础上，能够把人和事更加鲜明地表现出来，也能更加深刻地表达出作者的情感。记叙文中的议论方式不是像议论文中的议论那样进行推理和论证，而是作者对所描写的人物和事件发表自己的见解，做一些简单的评论。记叙文中的议论可以起到画龙点睛的作用，也能增强篇章的感染力，点明了篇章所要表达的思想和人生哲理等。

记叙文包括的范围很广，主要有日记、游记、传说、小说、传记、新闻、通讯、特写、访谈录、回忆录等。记叙文的特点是具有个别性、可感性和完整性。一般记叙文回答六个问题：时间、地点、人物、原因、经过和结果，在英语中一般称之为"5W"（when，where，who，why，what）。在阅读过程中找出这些要素是阅读的一个重要任务。记叙方法有顺叙、倒叙、插叙、补叙、分叙和合叙等。纯粹的记叙文不多，记叙往往为论说或说明服务。

（二）描写文的篇章知识

描写是一种重要的写作手段，作者通过描写来写人、写景或写物，将作者或叙述者的所见、所闻、所感传递出来，让读者也有身临其境的感觉。描写文与叙述文之间有同也有异，其相同之处在于描写文也可涉及事件、人物、时间和地点等因素；而它们的差异在于，描写文属于静态描写，叙述文则为动态的叙述；描写文作为一种文体虽然容易识别，但很少独立存在，通常穿插在叙述文、议论文、说明文等形式中。在文学作品中经常用到描写，因此，这种写作手段也不可忽视。

描写文的描写策略与描写的对象有关，取决于作者的感官和心里的感受。

譬如，对一个建筑物的描写通常按照空间顺序，首先确定一个空间参照点东西南北方向或高低左右立体方位等，为了突出某个事物的特点，作者会有自己独特的描写视角。但是，不管怎样，只要仔细分析，读者都可以从中找到规律，接收到作者想要传达的信息。

（三）说明文的篇章知识

说明文在日常生活中很常见，也很重要。说明文包括对产品的性能、用法、注意事项的说明，或把事物的形状、性质、特征、成因、关系、功用等解说清楚，还包括对一种理论、现象、实质、计划、意义、原因、发展过程等的说明。说明文的解说对象，可以是花草、建筑、山川等实体的事物，也可以是思想、观点、原理、技术等抽象的道理。

英语阅读中的说明文，多以描写、说明、解释为主，也就是我们常说的说明文的狭义理解。说明文可以开门见山地说明主题，直接陈述说明的要点，也可以利用举例或者引用的方式提出问题。

一般说明文常用的说明方法有九种：①举例说明；②下定义说明；③引用说明（引用数据、事例、名言、格言、谚语、新闻报道）；④做比较说明；⑤分类别说明；⑥列数字说明；⑦按时空顺序说明；⑧按重要性顺序说明；⑨分类说明。

（四）议论文的篇章知识

议论文的主要表达方式是议论，主要是用来阐明道理、议论是非、反驳意见、指出谬误、提出观点和看法的，因此文章中的句子以分析解释、评价议论为主，而记叙、说明等也有，都是为议论服务的。议论文的论点可以由作者自己正面直接提出来，也可以通过批判别人的错误观点而间接提出来。议论文的语言讲究抽象性、概括性和严密性。议论文的阅读方法有时比说明文的阅读方法还要容易些，只要抓住文章的论点，就抓住了文章的精髓，许多问题就可以以文章的观点为依据迅速解决了。

议论文常用的思维方式，一种是演绎法，即开门见山亮明观点，然后给出充分的论据加以论证，证明作者的观点是正确的或被论及的某观点是错误的；另一种是归纳法，即作者分几个方面去剖析，通过举例、罗列事实等提供合理的论据，最后水到渠成、顺理成章地得出结论，即作者的观点。这两种方法都要求作者的论据全面客观，否则就没有说服力。

议论文的基本篇章结构包括以下几方面：提出论点（引论部分提出问题，可正面直接提出，也可以反面间接提出）；论证论点（本论部分分析问题，证明所提的观点是正确的，还是错误的），有时一个中心论点包含几个分论点，每个分论点都服务于中心论点，分论点所提供的论据或理由用一个或多个段落来阐释得出结论（解决问题，或重申论点，或总结归纳，或提出建议，或进行展望等）。

阅读时应辩明文章的论点和结论。这两个部分往往和文章的主题，以及作者的态度、语气、观点有关。分析议论文的结构，要弄明白段落大意和段落间的内在联系，是逐层深入的论证还是并列展开的论述，还要注意文章中起着承上启下作用的过渡段、过渡句以及过渡词语。文章后面设置的问题多是围绕这方面提出来的。在中间第二部分论证论点时，通常可采用举例论证、引用论证、列数字论证、比喻论证、正反论证及逻辑推理论证等方法。

（五）新闻报道篇章知识

新闻报道应该属于叙述义范畴。之所以单独出来原因有二：其一是新闻报道在生活中的重要性；其二是新闻报道与分析其实还具有议论文的特征。社论、评论和专栏文章都属于评论性质的，它们不是简单报道事件的发生和结果，而是对事件发表看法，或是支持，或是抨击，所传达的信息影响很大，是报刊不可缺少的一部分。阅读报刊文章时，有必要分清哪些是客观信息，哪些是评论的立场观点。社论指编者写的评论，国外报纸一般放在第三版；评论是署名文章，常由专人来写；专栏更是固定由某人来写的，一般以作者的名字为专栏名。社论及评论一般是就国内外的事件发表作者的看法和观点，许多时候也涉及历史材料。

结构是各个组成部分的搭配与排列。新闻评论的结构实际上是文章和节目的谋篇布局。尽管分类繁多，但有四种结构分类较为合理，具体为：①顺序结构，分为开头、中间和结尾。②逻辑结构，分为提出问题、分析问题和解决问题。③论述结构，分为立论、引论和结论。④随机结构，实际操作时所应该采取的结构，应该由不同题材、不同节目、不同文章随机而定。

新闻评论的结构特点：结构严谨，布局合理；层次鲜明，逻辑清楚；思辨说理，以理服人；述评结合，夹叙夹议；通俗易懂，雅俗共赏。新闻评论的选题特点：典型性、普遍性、时效性、现实性、新颖性、针对性。

（六）应用文的篇章知识

应用文是日常生活和工作中经常使用的、为某种具体的实用目的而写的文体，是完成具体工作或办事的一种工具。应用文包括的范围很广，如书信、日记、便条、广告、说明书、时间表、申请书、图表、通知、会议记录、演讲词、报告、论文、教科书、旅游指南手册、启事、书评等。

应用文特点：①因事而写，内容真实。应用文最基本的特点就是"用"。为用而写，有用才写，这是应用文与其他文章的最大区别。②对象明确，非看不可。③语言得体，文字简约。④时间性强，讲求及时。⑤格式固定，书写规范。在各种英语阅读理解测试过程中，出现应用文的趋势日渐增强，尤其是报告、论文、教科书节选及新闻评论类的文章逐日增加。我们重点关注的应用文为报告、广告、通知、宣传单、指南、说明书等。

1. 报告

应用文中的报告包括两种，一种是科学实验报告；另一种是社会调查报告。这两种报告的基本结构是一致的，共包括五部分：①提出实验（或调查）的问题或假设；②叙述实验（或调查）的受试对象与实验（或调查）的过程；③描述实验（或调查）的结果与发现；④对实验（或调查）所得的结果与发现进行分析与解释；⑤总结实验（或调查）所得结论，指出其意义与作用。

其实报告类文章是说明文和议论文的结合体。它既有描写叙述、说明解释，又有评价议论、总结概括。阅读报告类文章的关键在于抓住其首尾部分，因为这两部分与文章的中心思想和主题紧密相关，而其他各部分则是具体细节性信息。

2. 广告

从表面看来，广告是非交互性的话语，但是从本质上广告可以被看作广告发起者与潜在购买者之间的对话。

（1）广告语的特点。

有人认为广告语言独具特点，例如，在词汇选择上简洁、生动、形象，富于感情色彩和感染力；在句法上多用简单句、并列结构与分离句，少用复杂的复合句，频繁使用疑问句、祈使句和大量采用省略句等。而在现实生活中由于产品的丰富性与广告的各种动机，商品广告中所使用的英语是无法用条条框框进行概括的。尤其是 20 世纪 90 年代以来广告的概念发生了根本性的变化。广告中语言的使用及文本更加奔放，语言形式更为复杂，因为它随着商品特点、商品信息及售后服务等一系列因素的变化而变化。现代社会新的商品层出不穷，语言文字必然随之发生变化。因此广告中语言的使用极具多样性、复杂性，而不是墨守成规地沿袭所谓"广告英语"的框架来介绍商品和宣传形象的。

虽然英语广告中主动结构为数较多，但并不排斥使用被动结构，因为广告中也有客观的表述。在描述产品的本质特征、工作原理、解说事物等过程中，当动作执行者不十分明确时或要突出强调动作的承受者时，被动结构就具有独特的作用。

（2）广告的修辞手段。

为使自己的广告独树一帜，广告撰稿人除了在词语、句型运用上的巧妙精细之外，往往使用一些修辞手段，从而产生新颖别致、形象生动、引人注目的效果，以增强广告的吸引力，使消费者步入商品的世界。

①拟人。广告中的拟人是把所宣传的物品当作人来描写，从而赋予其人类所具有的言行、感情，使之倍显亲切，使其形象更为鲜明突出，从而给读者留下较为深刻的印象。

②比喻。英语广告中常见的有隐喻、明喻等。运用比喻手法可使所描绘的事物形象生动，易为人们所接受。

在广告隐喻中的两种不同事物之间有相似之处，把甲物比作乙物，但甲物通常不出现，乙物直接出现在句中。广告文案作者通过发挥丰富的想象，往往用一种美好的事物来替代所要宣传的商品，从而增强了语言的美感。

③双关语。利用语言文字或同音、或同义、或同音异义的关系，使某些词语或句子在特定的环境中具有双重意义，做到一明一暗，既可引人注意，又能引起联想、加深记忆，能够使广告达到意想不到的好效果。英语中的双关，可以是拼写相同但意义不同；也可以是同一个单词有不同的意义。

④排比。对某一个词、词组、结构或句子进行重复，将它们排列起来，目的是增强语气，强调所要表达的事物，突出某种感情色彩。

⑤设问。这种广告中只有提出的问题，而没有答案，让消费者从广告中获取信息，寻求答案；或者作者对自己提出的问题自己回答，这样更能吸引消费者的注意，引起他们的消费兴趣。

⑥夸张。为强调或突出某事物而采取的夸大其词的手法，把被描述的事物适当地加以艺术性的渲染和夸大。

⑦押韵。这种修辞手法最常出现在诗歌中。押韵分为头韵和尾韵两种，可以使广告词富有节奏感，而且读起来铿锵有力、朗朗上口，往往能达到使读者过目不忘的效果，刺激他们的购买欲望。

⑧反语。利用正话反说或反话正说的表现形式，从对立面上来表达。在英语广告中，为表现某种商品，作者往往利用正话反说的方式，从相反的角度或立场进行描述，从而达到突出该商品的作用。

（3）广告口号的意义。

广告口号通常出现在正文后面，一般是短小精悍、便于记忆的词组或句子。一是建立公司形象，将确定的观念形象传播给消费者。

在思维模式上，国内外有不少语言学家和心理学家都认为讲不同语言的人在思维方式上存在差异。卡普兰认为，英汉两种语言就具有不同的思维方式。英语国家的人思维呈直线形，先阐述观点，然后说明原因；而以汉语为母语的人则不同，文章的主题采用迂回的方式来加以阐述。

（4）广告的结构。

思维方式不同，所构筑的文章内在结构也不相同。所谓内在结构就是指隐藏在语言深层表明信息内在关系和逻辑关系的结构，或称之为信息结构。在英语中，内在结构根据它在文章里的功能一般分为两大类：宏观结构，指构成文章主体框架的结构；微观结构，指文章里表达一条信息与另一条信息之间的关系的结构。两种互为依托、相辅相成，使文章结为一个语义整体。无论文章长短，其内在结构都会存在，因此，熟练地辨别和使用内在结构对于理解和撰写文章至关重要。以下是英语广告中几种常见的结构。

①一般—具体。在英语广告中这个内在结构是非常普遍的，常常作为宏观结构模式，构成文案的主体框架。这种结构是指以概括全文大意的语句开头，然后再用实例或细节加以详尽地叙述或论证的结构。主题句在广告中总是非常醒目的，其用意在于吸引消费者的注意力，以达到最终的目的——促进销售。主题句可长可短，可简可繁。这种结构又可细分为"提要—细节"与"概括—实例"两种模式。

②背景—问题—解决方法—评价。这个结构在英语广告的信息传递中的使用甚为广泛。一般先向受众提供背景，指人或物，也可能是某一个地点或时间，然后提出问题，以吸引受众的注意力。投稿人提出的解决方法往往就是广告所要介绍的产品。最后是对解决方法或产品进行评价。

在这种结构模式中，常常可见到的言语结构包括：表示问题的词 problem、damage、risk、danger、scourge、accident、anxiety、difficulty、dilemma、disease、failure、illness、injury、lack、loss、expensive；表示解决方法的词 cure、prevent、solution、develop、overcome、improve、help、treat。

③假设—事实。由于产品的极大丰富，市场竞争日益激烈。产品一旦进入市场就要尽可能地扩大在市场上的占有份额。因此扩大产品的知名度与建立品牌成了当务之急，相互竞争的局面必然形成。在这种情况下，产品很可能遭到竞争对手的贬低，如产品的缺陷被夸大，引起消费者对产品的可靠性的怀疑等，被比较的一方或产品经常处于被动的境地。为了改变这种不利的局面，竞争对手一般采用突出自身产品的优点，或消除潜在消费群体对产品的负面看法及误解的手法。为达到这一目的，在英语广告中撰稿人通常会选择"假设—事实"的结构。基本的做法是先指出可能存在的疑问或负面的看法，而后坚决地予以否定，随之再提出有根据的、令人信服的事实对消费者进行劝说。

这个结构可以这样来识别：假设这一部分通常包含的词、词组或句型为 assumption、belief、claim、expectation、look 等。事实通常包括的词或句型为 however、whereas、actually、now、yet、show、prove、contradict、contradiction、false、wrong、not so、not true、in fact 等。

④原因—结果。广告文案的创造经常使用因果结构对商品或服务加以说明，形成迎合顾客心理的诱惑力，从而激发潜在客户占有和使用的欲望。此外，因果结构不仅可以作为微观结构，它同时还可以作为宏观结构，去阐明产品的主要特性。

3. 通知

通知是向特定受文对象告知或转达有关事项或文件，让对象知道或执行的公文。

4. 宣传单

宣传单介于广告和通知之间，有时很难区别，宣传单可以由人来散发，也可张贴。其目的是宣传某件事、某个主张、某场活动等。

5. 指南

指南就是告诉他人有关事项，比如旅游指南、图书指南、中国居民膳食指南等。

6. 说明书

说明书是以应用文体的方式对某事或物来进行相对的详细描述，方便人们认识和了解某事或物。

第三节　文化、思维差异

一、英汉语言文化的差异

（一）英汉语言差异

1. 语言是文化的重要载体

我们正处在一个多姿多彩的文化时代，文化已成为我们生活中离不开的一个词语，文化一词的使用日趋频繁。在日常生活中，我们可以见到许多介绍、讨论饮食文化、服饰文化、企业文化等内容的书籍资料。文化正在充斥我们的生活。正因如此，每当对"文化"一词进行讨论时，我们并不陌生，但是，我们却无法想象文化丰富的内涵和外延。由此可见，文化是无处不在的，文化在很大程度上影响并约束着我们的衣食住行。

但是人们往往无法体会到文化对自己所带来的影响。因为在人的潜意识里，文化是无处不在的，人们并没有意识到文化对自己的行为起到了一定的支配作用，在他们看来，一切都是非常自然的，就好比人要呼吸氧气，只有当人们缺氧时，才会意识到氧气的重要性。我们认为自己文化的许多方面都是理所当然的，而只有当我们对其他民族文化进行接触时，才能对本族文化的独特之处有一个更好的感受。文化中有些内容是显性的，如饮食文化、服饰文化等，这些内容是我们能看到的，并能使人立刻与某种文化进行联系的内容。文化中还有一些内容是隐性的，如涉及习俗、世界观等内容，这些都是我们看不到的。人们头脑中存在一套行为规范，这些规范就属于文化范畴。语言内部各要素无一不与社会大系统诸要素发生联系，这种联系不是简单的对应，而是纵横交错、全方位的联系。

虽然语言只是文化的一部分，但是人类的经验和行为主要是通过语言符号的意义来体现的。语言是文化的一部分，透过一个民族的语言层面，可见这个民族绚丽多姿的文化形态。因为文化的民族性特征十分鲜明，不同的文化自然会有所不同。这种文化形态上的差异难免会在语言系统的不同层面上进行呈现。词汇是语言的基本构成，是语言系统赖以存在的支柱，所以在词汇层面上，文化差异体现得更为明显。

2. 与颜色有关的英汉词汇对比

在漫长的生产、生活过程中，人类创造了大量与颜色有关的词汇。经过长时间的文化沉淀，颜色词语蕴含的文化内涵十分丰富，可以折射出一个民族的历史、审美情趣等。科学研究表明，世界上可以辨别的色彩就有700多万种。色彩不仅美感功能明显，而且其信息功能也十分丰富。在不同的社会文化中，各种颜色所具有的文化附加意义各不相同。由此可见，色彩是人类认识世界的重要途径，它不仅具有物理的本质属性，而且还具有极为丰富的文化内涵。

比如红色，在汉语中有40多个表示红色的词汇，而在英语中有100多个。中国人不仅用红色表示物体的颜色，而且还把它视为喜庆、吉祥、胜利、忠诚的象征。汉语中的红色还有表示"恼怒、危险"的意思。英语里的 red 往往也用来表示庆祝活动。

中国人说"羞红了脸"，英语中也有 turn red with blush 的说法。red 在英语中也用于表示残忍和恼怒。英语中的 red ruin 指火灾，a red battle 指血战。汉语中"红娘"指媒人，而英语中的 red lady 和 pink lady 与汉语中的"红娘"含义截然不同，"红娘"应译成 match-maker 或 go-between。

由于中国人没有与西方人相同的斗牛习俗，所以初学英语的人对于来自斗牛习俗的短语 see red 和 like a red rag to a bull 的含义就无法正确理解。另外英语中的 red nose 与汉语中的"红鼻子"含义也不一样。汉语中"红鼻子"指酒糟鼻（brandy nose），而英语中的 the red nose 是指在为婴儿猝死综合征募捐的日子，募捐者分发给捐款人的红色塑料鼻子，它是表示爱心的纪念品。

黑色在汉语中的本义是烟熏火燎的颜色，后来受到佛教的影响产生了邪恶、不洁之意，黑色又象征着黑暗、死亡、阴险、恐怖等。而在英美国家，black Friday 是外国人最忌讳的。black Friday 一般指星期五又逢 13 号的那一天，迷信者会尽量减少外出以免大祸临头。black sheep 的字面意思"黑羊"，事实上指的是集体中的败类、败家子。与 black 组合的英语短语，大都带有贬义。

在中国，亲人、好友去世，会在手臂上戴黑纱或黑色的挽章表示哀悼；而在西方国家，wear black 表示生者为死者服丧。在西方文化中黑色还象征着庄严、威严和尊贵。汉语中的"黑脸"不能译成英语中的 blackface。因为汉语中"黑脸"有刚正不阿的意思，如深受老百姓爱戴的宋代清官包拯是黑脸，这使黑脸具有了正义的含义。在日常生活中，人们把敢于坚持原则办事、不怕得罪人的行为称为唱黑脸，这也是借用京剧中包公的脸谱形象——他总是被刻画成一个黑面长须的人。而 blackface 在英语中却没有刚直不阿的含义，是指扮演黑人的演员或唱黑人歌曲的演员。

白色在中国文化中有凶、丧的意义，所以自古以来，亲人死亡，家属要穿白衣服。从汉代到唐代，普通百姓一般穿白衣服，因而白色又表示低贱、愚蠢，如"白衣"指贱民，"白丁"指没有功名的人。在传统戏剧中，有的白脸人物（如曹操）是奸诈阴险的形象。中国对白色的褒义用法与西方相近，认为白色象征着高雅、纯洁、明亮、光明。

在西方白色代表好的、正面的。在万圣节的庆祝活动中，教堂会用白色来进行装饰。西方的婚纱也是白色的，取其纯洁、美好之意。西方人举行婚礼时，新娘总是穿白色服装。把白色与丧事联系在一起，会引起西方人的反感；而把 funerals（丧事）说成 happy occasions（喜事），会使西方人感到吃惊，尽管这种说法反映了中国人对待死亡的豁达态度。我们在做汉译英的时候还是应当注意，在某些时候，汉语中的"白"字指颜色，但在英语中不一定要用 white 相对应，如白菜（Chinese cabbage）。汉语中的"白脸"是个贬义词，而英语中的 white face 却指面部白色的动物。另外，white-faced 还指人面色惨白，有身体不健康的含义。

3. 与植物有关的英汉词汇对比

（1）竹子。

竹子（bamboo）在中西方文化中有不同的含义。竹子拥有顽强的生命力，在春天经过雨水的滋润后通常会长出很多新芽，人们在汉语中习惯用"雨后春笋"来形容大量涌现的新生事物，而英美人对此却说 spring up like mushrooms（雨后蘑菇）。又因为国宝大熊猫喜爱吃箭竹，谈起竹子，人们又自然会想起憨态可掬的大熊猫。"青梅竹马"则比喻一对情人自幼一起长大，感情笃好。竹子的这些联想意义反映了中华文化的五彩斑斓。

（2）梅。

梅（plum），在英语中，plum 既指梅树或李树，又指报酬高的工作和好的事物。梅花作为中国的传统花卉，耐严寒、花姿秀雅，象征品格高尚，为历代文人墨客所颂咏。有的诗句歌颂了梅花坚忍顽强的生命力，在严寒中绽放，象征着革命者不屈不挠的坚强斗志；有的诗句则赞颂它高洁的品德。中国人还从梅花在风雪中盛开，领悟到先苦后甜的人生经验，从而来劝导世人须奋发图强方能成就大业。

（3）柳。

柳（willow），西方人常用 willow 形容人多愁善感，象征死亡和哀悼。英语中 wear the willow 表示失恋或哀悼心爱者的逝去。柳树也被用来祛病，而美洲印第安人把柳树看作圣树，是春回大地的象征。由于其在春天比其他树木发芽要早一些，所以柳树象征着春天。在中国传统文化中，柳树多暗喻离别，人们借此抒发思念之情。

（4）牡丹。

牡丹（peony），在西方文化中牡丹被看作有魔力的花。在欧洲，牡丹花与不带刺的玫瑰象征玛利亚。牡丹是中国的十大名花之一，素以国色天香而闻名天下。唐代以前并没有牡丹这个专名，那时统称芍药，直至唐代改称牡丹。在中国传统文化中，牡丹象征着富贵和华丽。

（5）桂树。

桂树（laurel），在汉英两种语言中人们都把它和出类拔萃、荣誉相联系。桂树四季常青、清香高洁，深得人们喜爱。中国古人用桂树的枝条编冠带饰，叫桂冠。英美人也喜欢用桂枝编织成花环戴在勇士和诗人的头上，后来桂树逐渐象征着荣誉和成功，人们称那些取得杰出成就的诗人为桂冠诗人。

（6）桃子。

桃子（peach），这种水果十分常见，人们由桃子很容易联想粉面桃腮的少女，于是汉英两个民族都用桃子来代表皮肤细嫩、白里透红的妙龄少女。在英语中，"She is really a peach." 这个句子往往用来形容漂亮有吸引力的女子。在汉语中，桃花也用来指代妙龄女子。中国人常把艳遇称为桃花运，把风流韵事称为桃色事件。在英语中，peach 却没有这种联想意义。

（7）玫瑰。

玫瑰（rose），在汉英两种文化中，玫瑰都象征爱情，因为玫瑰花不蔓不枝、一花独放，而且每年春季开花，一年只有一次，所以人们用玫瑰象征忠贞的爱情。在英语文化中，rose 还可以用来指代极其美丽可爱的女子，相当于 peach。rose 在英语文化中还代表安乐的境地，如 "Life is not a bed of roses." 表示人生并非事事顺心如意。如果有人事事称心如意，英美人会说 roses all the way。在英语中，under the rose 表示秘密地。

（8）草。

草（grass），在汉英两种文化中都可以使人联想起众多、默默无闻等义。汉语中，默默无闻的老百姓被称为草民。英语中 grass widow 表示被遗弃的少妇。在英语中，"The grass is greener in the other side of the wall."一句比喻这山望着那山高。

4. 与数字有关的英汉词汇对比

自古以来，人类生活一刻也离不开数字。在人类历史文化进程中，数字扮演着非常重要的角色，对于任何语言来说，数字符号这一分支系统都是必不可少的。人类认识世界、改造世界，都难免会使用数字这一符号系统。但由于不同文化的历史传承和历史渊源不同，所以在运用数字符号系统时，承载不同文化信息的世界各民族的语言也就各有不同。

博大精深的汉语语言热衷于运用数字。这一点在作为汉族语言实践结晶的习语中体现得淋漓尽致。中华文化有着深厚的内涵，每一个汉字都是一个信息库，都是一种文化联想。作为汉语语言分支系统的数字，显而易见地有着特别的汉民族文化根源和深厚的汉民族文化底蕴。数字或数字单位均大量用于汉语习语当中，使得汉语数字习语成为汉语语言当中一道亮丽的风景线。汉语中数字习语之多是世界上其他语言无法相比的。

其实任何语言中的数字本来没有什么吉凶，然而，因为各民族具有不同的社会语言文化传统，人们具有不同的思维观念，一个民族通常会特别崇尚某些数字，认为它们神圣、吉利，而给另一些数字赋予了某些不好的含义，认为它们不吉利，并且尽量避免使用。这样就使得这些数字除本身所具有的本义之外又负载着民族文化所赋予的特殊的社会文化含义，使得这些数字变成了实实在在的神秘数字。在汉语这种独特的语言中，数字还反映出我们古人的宇宙观，体现了中国古代思维中的辩证思想。

最初，数字只是代表着精确和具体的数量。所以，从本质上来讲，数字具有精确性的特点。但由于人们在使用数字的过程中，自然而然地会将数字同其他词语搭配使用，从而构成短语或语篇，数字便逐渐具有模糊性。

就汉语中的数字而言，它们经常被用于取得或增强某种修辞效果。但在将这类含有数字的短语或表达翻译成英语时，汉语原文中数字的意象在译文中就基本消失了。换言之，在汉英翻译中，数字的翻译也属于不可译的领域之一，比如汉语里的数字"四"同"死"谐音，"八"同"发（财）"谐音，但在英语中，这些信息都无法再现出来。由于语言、文化或历史原因，有些数字有额外的蕴意，比如英语中的"13"是一个不吉利的数字，而汉语中的"九"因为和长久的"久"同音，因此蕴含了天长地久的含义。

（二）英汉语法差异

1. 词法差异

词在语言中是最主要的，多个词能组成一句话，词就如同建构大厦的砖瓦，可见词在语言中的地位。英语和汉语的词类相同，汉语中的词类有 11 种，而英语中的词类有 10 种。英语有冠词，而汉语没有；汉语中有量词和语气词，而英语没有。不同的词类运用在不同的句子中，充当的角色不同。

2. 句法差异

英语和汉语的语句也是不同的，英语语句多为形合句，汉语语句多为意合句，同时汉语喜欢使用短句，这是英语和汉语两种语言在语句上的主要差别。英语语句多为形合句，主要是指在英语句子中大多数句子都是由各种短语、从句组合而成的，如果句中存在介词和分词，那么这些词在英语中也是起到形合作用的。

除此之外，在英语语句的各种成分之间也能体现主从分明的特点。从句子的角度看，人们在说汉语时，对语句的理解往往是凭借他们对语句关系的把握。在汉语语句中，各个成分之间或句子之间应少用连接语，多依靠语义贯穿语句，使句子结构简短而精悍。

汉语和英语的句法也有显著的不同：中文的句法不会拐弯抹角，可以说是全部走直线的；而英语的句子有的过长，并且句子中有很长的定语。英语与汉语的行文习惯也是有所不同的，汉语讲求短而精简，我们能够发现越是优美的文章，语句越简单流畅。在有的人看来，中国人是幸运的，因为在中文语法中并不像英语一样有多变的词和词尾，西方语法没有弹性，是相对生硬的；而中国的语法是富有弹性的。

（1）英语重结构，汉语重语义。

从句子结构方面来看，汉语和英语是不同的。

汉英语言从语言整体结构和表达上有三点不同：①汉语是一种意合性语言，而英语是一种形合性语言。②汉语是由字和词连接的，表达方式是多种多样的；英语是固定的结构，比较注重形式。③汉语句子要看句子本身所表达的含义；英语句子是通过时态、连接词和标点符号而呈现的。

（2）英语多代词，汉语多名词。

英语不仅有人称代词 we、you、he、they 等，还有关系代词 that、which 等。在比较长的英语句子中，为了避免表达的重复，往往会使用很多代词。当句子中运用代词时，句子中的结构能更加清晰。在汉语语句中，由于句子结构松散且相对较短，无法像英语一样使用过多代词。汉语中为了使语句更加清楚，往往会使用名词。

（3）英语多长句，汉语多短句。

英语语言更加注重语法的运用，所以只要句子结构没有出现错误，就可以将许多句子组合成长句来表达；而汉语更加注重人的表达，所以汉语语言能够通过字词直接表达意义，也能够通过短句表达不同的意思。正是由于这个原因，在翻译试题中，我们往往会发现在汉译英时，几乎都是比较短小的句子，而英译汉时都是长且复杂的句子。

（4）英语多变化，汉语多重复。

英语使用者如果想表达相同的意思，往往会变换表达方式。如果想在一个句子中多次表达"我认为"，第一次表达时可以用到"I think"，如果第二次还用"I think"就显得比较无趣，这时就可以换成"I imagine"或者"I believe"来表达。而在汉语语言中就没有英语语言中这类的要求，很多英语中的变化表达译成重复表达就行了。

（三）英汉称谓语差异

在对陌生人的称呼上，中国人和西方人存在差异，在英语文化中，人们对陌生人的称呼非常简单，Mr. 是对男子的统一称呼，Mrs. 是对已婚女士的统一称呼，Miss 是对未婚女士的称呼。汉语文化背景的人称呼陌生人有时也像称呼亲属一样，但由于陌生对象的年龄、身份等不同，其称呼也各不相同。

在对亲属的称谓上，中西方人也存在较大的差异。英语文化只是区别男性和女性，亲属主要是以一个家庭为单位的，把一代人看作一个称谓板块。例如，英语中对叔叔、伯伯、舅舅会称呼为 uncle；对姑姑、阿姨、舅妈会称为 aunt。我国对亲属的称谓和陌生人的称谓的叫法是不同的，会根据亲属的性别、年龄、身份的差异进行称呼。

二、中西方文化思维间的差异

（一）文化意象

所谓文化意象，指由于文化环境的不同，人们在面对同一事物时会有不同的印象产生。文化意象是不同民族的文化积淀，在不同民族的发展过程中，会通过语言这一途径，对不同的价值观念、习俗、传统文化等进行反映。

值得注意的是，有一部分意象只能为一种文化所特有，如果只是将字面意思翻译过来，没有进行适当的处理，就会造成读者的困扰。在这样的情况下，必须要进行适当的处理，才不会影响原文的表达效果。例如，汉语中的"身在曹营心在汉"，翻译成英文就是"Although I work for him, my heart is for you."英文中并没有记载这一段历史，也没有相关的文学作品，如果进行直译，就会影响原文的含义表达，必须要改变意象表达，才可以起到翻译的效果。

成语典故也是文化意象的一种表现形式，一定要在翻译过程中灵活掌握，如抒情写意（lyric and nonobjective）、不请自来（come suddenly）、衣锦还乡（come back to hometown in full glory）。这些成语翻译，足以说明不同的文化意象具有一定的相似性，也具有一定的差异性。很多成语属于差异性意象成语，不能使用直译的翻译方法，而是要根据现实的情况，灵活掌握，使原文的文化现象与文化因素被更多的人所接受。

（二）价值理念

价值取向与价值判断都会经过一个漫长的过程，即便是对待同一事物或同一现象，同一民族也会出现不同的价值观念与价值判断。价值理念并不是一个简单的价值观念，而是一个相对复杂的价值观念。不同文化之间的价值观念有着相同性与差异性，学生在阅读中必须要重视不同价值观念上的差异，尊重与理解不同民族的价值观念。

（三）道德观念

道德是人们需要遵守的行为准则与规范，会对社会生活与社会成员起约束作用。不同的社会阶级会产生不同的道德观念，生活在不同时期的人们也会有不同的道德观念，如果不了解其他国家的道德观念，是很难理解原文的含义的。

（四）文化信息差异

1. 文化信息传递的内涵

语言不仅仅是一种符号，更是一种沟通与交流的工具。语言作为文化的重要组成部分，承载了大量的文化信息。阅读不仅是语言符号的转化活动，还是一种传递文化信息的活动。

通过阅读可以了解两种文化之间的差异，要想获得顺畅的阅读效果，不仅需要熟练地掌握两种语言，还要了解这两种语言背后的文化。语言只有在文化中才会有意义，英语阅读材料不仅是语言的传递，更是文化的传递。只有实现文化之间的交流，才可以实现阅读的跨文化语言传递。

2. 文化信息传递的重要性

不同的社会背景，会形成不同的社会结构、风俗习惯、生活方式、思维方式等。我国与英美国家之间由于社会结构、地理环境、民族历史、生活方式等不同，形成了较大的文化差异，反映到语言上，表现为词汇的理解和运用、句式结构以及语篇内容排列等方面都存在差异。因此，在英语阅读过程中要考虑原文的文化信息，并以目的语读者易于理解的表达方式传递出来。如果不注重原文的文化信息，就容易出现理解错误。

我们在英语阅读过程中不仅要关注表层形式的对等，还要实现其在深层功能上的对等，即原作者所要表达的真正的信息、风格和功能的对等。在信息对等的要求下，我们在阅读英文材料时，不应当仅在字面上实现语码的转换，而是在正确理解原文基本信息的前提下，理解原文本的交际意图以及在目的语语境中的交际功能。

3. 文化信息传递的考虑因素

①习惯表达。英汉两种语言的习惯表达各具特色，蕴含着丰富的文化信息。因此，在阅读时，要考虑英汉语言的习惯表达，实现文化信息传递。要实现文化信息传递，就必须对两种语言的文化进行对比，在两种文化的习惯表达中寻找对等语。例如，一个耳熟能详的短语 rest room，这个短语中 rest 的意思是休息，room 的意思是房间，但是不能将 rest room 翻译成休息室。rest room 在口语中是厕所的意思。英语国家的人不想把厕所说得那么直接，所以就用 rest room 来替代，等同于我国将厕所称为洗手间。

②历史典故。由于英汉两种语言的文化背景大相径庭，涉及历史典故的文章阅读难度较大，目的语的读者可能难以理解历史典故的含义。例如，汉语中的东施效颦、请君入瓮、草船借箭等成语包含的历史典故具有特定的文化来源。

因此，要把握好历史典故的文化信息传递。

4. 文化失真现象

随着经济全球化的发展，各国之间的交流日益频繁，这对各国文化之间的交流和融合起到了推动作用。一些资料也记录了人们在政治、经济、文化、科技、军事等方面的交流。例如，鉴真东渡、郑和下西洋、哥伦布发现新大陆、马可·波罗东游、中国四大发明的传播等。

各国由于社会背景不同，所形成的文化也存在很大差异。因此，在阅读过程中，尤其是在阅读翻译文本时文化失真的现象很容易发生，导致读者在接触译文时不能理解或产生误解，对文化交流产生负面影响。翻译中的文化失真现象，指在跨文化交际过程中，在翻译了一方的文化信息后，造成另一方接受者无法理解或产生误解的一种文化丧失或扭曲现象。

要避免文化失真现象，一是要具备扎实的语言基础。学生首先要具备扎实的语言基础，不仅要加强汉语功底，还要提高英语水平。只有掌握足够的阅读技巧与方法，并进行阅读实践，积累足够的英语阅读经验，才能做到汉语与英语之间的灵活转换。二是学习外国文化。多接触和了解外国文化，注意将它与本国文化进行对比。我们要对文化中的禁忌加以注意：哪些文化在一方是正面形象，但在另一方却是负面形象；哪些文化在一方是众所周知的，但在另一方却是闻所未闻的。学生可以通过浏览杂志、电视、计算机等方式，学习外国文化。三是提高个人修养。学生要树立正确的价值观念，提高个人修养，认真对待英语阅读。

三、在英语阅读中渗透跨文化意识

（一）英语教学中跨文化意识的培养

1. 认识自我

据传"认识自我"一词出自苏格拉底，是一句古希腊的格言，被雕刻在阿波罗神庙廊柱上。交际包含十个构成要素。在交际过程中，我们一般都会关注交际对象的反应和信息，往往忽视自己的认知、情感和态度等。因此，认识自我就要求我们对自己的文化、态度、风格等进行了解。

（1）了解自身文化。

通常人们会将本民族的文化作为行动指南，用自己民族的价值观、行为规范来衡量别人的行为。如果人们能够了解自身文化的优点和缺点，那么就能够克服自身文化中的狭隘倾向，从而提高跨文化交际能力。

（2）了解自己的情感态度。

在交际过程中情感态度非常重要，它往往决定了我们的交际质量。我们在与他人交际之前，一般会有一个预先的印象，这给我们带来一定的情感态度。这种在交际之前就产生的情感态度，就像是一副"有色眼镜"，会对我们看到的客观现象产生影响，甚至使我们产生误解。如果我们能够在交际之前意识到这一问题，尽力去克服这种主观情绪，就能减少交际过程中的负面情绪。

（3）了解自己的交际风格。

所谓交际风格，指的是交际者在交际过程中，喜欢的交际方式、交际话题、交际渠道、交际参与度以及交际者在交际过程中的情感和内容。通常人们在交际之前会先了解一下对方的交际风格，却很少有人了解自己的交际风格。这就会导致人们在交际过程中产生感觉偏差，比如你认为自己是一个开放型的风格，而对方感受到的却是内向型的交际风格，就可能会对交际造成影响。

2. 掌握不同的交流方式

（1）学习语言。

语言是交际中重要的工具之一，交际者能够熟练掌握对方的文化，使用对方的语言，是一种重要的跨文化交际能力。当然，世界上的语言种类很多，我们不可能全部学会，但是要学习你要前往国家的语言或者世界通用语言，比如英语。在大多数国家，英语被作为第二语言，也是学校主要开设的外国语课程。因此，无论是否出国，学好英语都是十分重要的。当然只是学习语言还是不够的，我们需要宽泛地掌握更多文化方面的知识。

（2）认识语言和文化的关系。

文化信息的载体是语言，语言反映的是文化的传统，比如习语和谚语。据调查，在以英语为母语的国家中，人们常用的习语有一万五千多条，英语习语表达的意思通常与字面意思不同。因此，我们需要了解习语文化，才能真正地理解习语，从而正确使用习语。

（3）非言语交际系统。

人们在进行交际的时候，不但会使用大量的语言符号，而且会伴随着非语言交际符号，如目光、神态等。这些非语言符号在不同文化中的意义也是不同的，不正确使用非语言符号则会引起矛盾和误会。因此，跨文化交际者要正确掌握非语言交际符号的含义和使用方式。

3. 移情能力

情感态度的核心部分就是移情能力，指的是交际者能够跳出自身文化的束缚，不用自己的民族价值观去评判他人的文化，能够设身处地地为他人着想。

4. 学习观冲突

无论是在本国文化的内部交际中，还是在跨文化的交际中，冲突都是不可避免的。能够引起冲突的原因有很多，而且不同的文化，在看待冲突的时候也会有不同的态度。下面来介绍一下人们在处理冲突的时候采取的五种方式。

（1）退避。

避免冲突发生的最常用的方式就是退避，这也是最简单的方式。退避包含两种形式：一种是身体上的，比如远离冲突，表达不愿意卷入冲突的态度；另一种是心理上的，比如保持沉默，不参与谈话。

（2）和解。

采用和解的方式处理冲突，意味着要放弃自己的立场和观点，来满足或达到他人的要求。

（3）竞争。

竞争的方式是双方都坚持自己的立场和观点，争取胜利。

（4）折中。

采用折中的方式处理冲突，是为了使双方都能够同意和接受。使用折中策略解决冲突，代表交际双方都要牺牲某些东西，做出一定程度的让步，最终得到解决冲突的方案。

（5）合作。

采用合作的方式解决冲突要建立在双方都想解决冲突的基础上，双方通过积极的方式看待冲突，提出切实可行的解决方法来满足双方的目标和需要，这也是所有方法中最理想的一种。

（二）跨文化交际能力培养的策略

培养策略是跨文化交际能力形成的土壤，又是跨文化交际能力研究的主要内容和目的之一。为了满足跨文化交际对于学习者能力的要求，跨文化培养的专业人士在理论研究、课程开发和教学方法设计上下了很大的功夫，大大丰富了英语教学中跨文化交际能力培养的内容。

1. 积极看待异文化

对于很多学生来说，他们对异文化大多只有粗浅的了解，也很少与来自目的语文化的成员交往。因此，教师应当引导学生在跨文化交际发生之前和进行当中，先假设来自异文化的对方是善意的，是寻求与自己的合作和交流的，假设异文化和中国文化在深层次上有很多共同点。这样积极地看待异文化及其成员的态度也会辐射到跨文化交际的对方，促进双方的好感与信任感的建立，形成一种有益的跨文化交际场景，促进跨文化交际的良性循环。这样，在这个过程中，即使出现文化差异或令人困惑的情况，双方也能遵从与人为善的原则共同找到解决办法。

要培养英语专业学生对目的语文化的积极态度，使他们先假设自己尚不了解的陌生的人和事物为"善"和"好"的，这种思想符合对中国文化产生重要影响的儒家思想的性本善说。例如，《三字经》就开宗明义地强调"人之初，性本善。性相近，习相远"。引申到跨文化交际中，我们可以理解为，不同文化中的成员其本性是善的，虽然各文化的习俗、文化的表象存在差异，但是人们的本性是相通相融的。有了这样积极的假设，即使在跨文化交际中遇到困惑、矛盾甚至冲突，也会让人有信心去面对、去解决。

相反，如果在跨文化交际尚未进行之前，就假设来自异文化的他者是性本恶的，处处疑心、设防、过分敏感、封闭自己甚至主动攻击对方，这样就会对自己的跨文化交际行为产生极端的负面影响，很容易形成"自我实现的预言"。

2. 探索母语文化与目的语文化

很多专家指出，如果对异文化怀有浓厚的兴趣，则更有助于人们设身处地地去理解异文化的成员，有助于培养人们的跨文化移情能力。因此，要培养和促进英语专业学生的跨文化能力，应当培养他们对于新事物的好奇心和勇于探索的精神。应当让学生领悟到，学习就是对安全感的放弃，应当培养学生不将新事物和陌生的环境看作危险和威胁，而是看作拓宽眼界、发展个性的机会。

探新求异在我国的教育过程中一直受到忽视，很多学生可能是考试高手，但大多怯于探索新事物，这也是多年应试教育所产生的结果。要培养英语专业学生的跨文化能力，很重要的就是要培养学生对母语文化和异文化的兴趣。如《论语》中所说："知之者不如好之者，好之者不如乐之者。"所以，应当鼓励学生始终保持对异文化的好奇心和了解文化之间相同处与差异性的广泛兴趣，促使他们愿意与异文化成员交往，并共享知识和信息。

3. 培养学生多视角看待问题的能力

研究表明，引起文化之间冲突和误解的大部分原因都是人们会带着母语文化的"眼镜"去看世界，将自己民族的风俗习惯、思维方式、价值观等作为世界的统一标准。因此，在英语教学的跨文化交际能力培养中，教师要帮助学生了解自身文化，意识到自己的思维缺陷，并通过学习和实践逐步克服。

理解他人基于自我理解，首先可以帮助学生批判性地审视自己惯常的思维方式、行为方式和价值观，使学生认识到每一个人都是受到文化的影响的。学习者对潜移默化形成的价值观和参考框架进行反思和质疑，这种自我反思能减少或消除民族中心主义思想。因此，有必要首先引导学生分析文化对自我的影响，比如分析自己在何种程度上受家庭、所属集体、教育、社会、价值观、传统等的影响。通过自我分析可以帮助学生认识到民族中心主义思想的存在，并在一定程度上加以克服，从而不以母语文化的"有色眼镜"看待另一种文化。

此外，教师可以帮助学生批判性地审视自己惯常的思维方式、行为方式和价值观。这种审视需要有对比、有参照，所以，可以对来自不同地域学生的文化进行比较。学生可以通过交流了解其他地域的文化，从而增强学生的移情能力以及多视角看待问题的能力。帮助学生培养敏锐的观察力和宽容待人的态度，在人际交往中克服以自我为中心的思想，逐步摆脱民族主义思想的束缚。

4. 培养学生的文化敏感性和跨文化移情能力

一个具有较强文化敏感性的人，对跨文化交际过程中的文化异同、轻重缓急、敏感地带等十分敏感，跨文化能力培养的一个重要方面就是培养学生的跨文化敏感性，使其了解掌握异文化的主要价值观、思维方式和行为方式，具有对异文化基本特征的感性和理性分析能力。培养学生的文化敏感性，就是培养他们对文化表层现象的敏锐感知能力和觉察能力，同时培养他们探究和分析文化表层现象背后的文化深层原因和本质的能力。

文化敏感性不是与生俱来的，而是需要通过学习形成的。文化敏感性的培养需要由表及里、由浅入深、循序渐进地发展。在英语专业学生跨文化能力发展的初期，可以让他们观察与描述处于文化表层的母语文化和异文化基本特征，训练他们发现常人不易发现的事物与现象。在此基础上，引导他们对所感知到的事物与现象进行文化比较和文化深层次原因分析，同时学习多视角看待和分析问题，尤其学习从异文化成员的视角来感知、判断、分析事物和问题，提高跨文化移情能力。

跨文化移情能力是指尽量站在来自另一文化的他者的立场去思考、去体验、去进行跨文化交际，就是"己所不欲，勿施于人"，是"己欲立而立人，己欲达而达人"。培养跨文化移情能力，就是要跨越和超越母语文化的局限，使自己处于异文化成员的位置，设身处地地去感悟对方的境遇，理解对方的思维和感情，从而达到移情或同感的境界。

（三）英语阅读中跨文化意识的培养

文化不仅仅指人的精神世界，也包括社会历史发展中的物质世界，文化首先是物质文化，然后才是物质基础之上的政治经济制度、行为习惯等，文化的高层次是指人的心理层面的观念文化（人的价值观、审美方式、民族风俗等）。

在英语阅读教学中也要重视文化的参与，学生在阅读过程中可以学习语篇分析的理论，也可以学习文化与语言关系理论，从而了解英语国家的文化背景、思维方式和价值观，在阅读中融入英语国家的文化背景，更能深刻理解和体会作者的写作方式和写作意图。

文化参与到英语阅读教学中，要求教师在讲授语音、语法、词汇等基础语言知识的同时，还要讲解英语国家的价值观念等语言行为规范，使学生认识到特定的语言习惯等文化规则，提高学生的英语综合运用能力，提高学生的跨文化交际能力，使学生成为具有跨文化思想的英语人才。

我们所说的跨文化意识是指不同民族、有不同文化背景的人们之间的交流和沟通，人们在交际过程中具有特定的民族文化思维，彼此之间能够互相尊重和信任，能够彼此了解交际的目的和意义。中外学者也认为在英语学习中必须涉及文化因素的学习，英语学习和阅读中要非常重视对学生跨文化意识的教育和培养。

在英语阅读教学中，主要应该学习英语语言知识、跨文化知识和文章体裁的知识。语言知识和文章体裁知识的学习有一定的规律可循，而跨文化知识的学习就存在一定的难度。这主要有两方面原因，一是我们不具备直接接触跨文化知识的学习环境；二是教材的阅读材料给读者提供的跨文化知识有限。因此，在英语阅读教学过程中跨文化意识的培养是非常有必要的。

英语阅读教学在英语教学中占有极其重要的地位，而英语国家的文化背景对于学生英语阅读理解的准确程度有很大的影响。阅读是学生了解英语国家概况、风俗习惯、文化价值观等的重要途径之一，因此在英语阅读中进行跨文化意识的培养，就要做到：①培养学生的理解能力和判断能力。②挖掘英语阅读教学的深层内涵、跨文化教学的深层意义。③渗透英语跨文化知识，培养学生的跨文化阅读意识。④激发学生的英语学习和英语阅读兴趣。⑤帮助学生树立正确的价值观、职业观，端正英语阅读学习的态度。⑥促使跨文化意识真正参与到英语语言的教学中。重视学习本土文化。我们的母语——汉语语言，是中国民族文化的象征，是中国历史文化、人生观、价值观等的深刻体现。我们在母语交际的环境中，形成了东方民族文化的认知方式。传播和发扬中华民族的优秀传统文化，是我们每个人的责任，我们要重视学习本土文化，提高跨文化交际能力。帮助学生了解英语国家的文化背景知识、风俗习惯等，培养学生的世界意识，促进国际文化交流。

四、文化与思维导入的有效途径

（一）充分挖掘教材内涵

在英语教学中，教材仍然是学生学习英语的主要资源，要充分挖掘大学英语教材的内涵，让学生在平时的学习过程中了解中西方国家的文化背景知识。利用现代化多媒体教学手段，精选英语教学的相关文化信息，创造英语语言学习的真实语言环境，了解英语国家的思维方式和行为方式，使学生更加形象、直观地感受英语国家的语言环境，培养学生在跨文化交流中的文化意识。

1. 挖掘词汇的文化因素

英语中的词汇，是英语语言中的最小单位。学生在英语阅读和学习中，要掌握词汇的基本意义，在此基础上挖掘词汇中所蕴含的丰富的文化因素。这也就要求教师在英语词汇的教学中，适度补充和介绍一些词汇内涵，防止学生对词汇的简单理解和错误使用。通过讲解词汇的不同文化内涵，能够使学生很轻松地掌握相关词语，并有效得体地加以应用，从而避免发生认识该词却无法正确理解的现象。

2. 了解不同文化中的差异

由于中西方不同的历史和文化背景，中文和英文分属于两种不同的语言体系，在语言使用规则方面也有很大的不同，这体现了中西方文化对语言的制约。母语文化和思维方式影响着我们的英语学习，中式英语的现象普遍存在，我们要认识到这种中式英语在跨文化交际中的不恰当表达，在用英语表达中国传统特色文化时，要用英语语言文化的表达方式、思维方式和语言习惯，确保这种说法能被英语语言文化背景的人们接受和认可。

英语教材还要融合中西方文化差异，引导学生充分认识和理解中西方文化中存在的差异，如民族文化、哲学思想、价值观念等方面的差异，要充分考虑到学生学习的环境和对英语语言的学习需求，还要充分尊重每个学生的知识结构、个性特征、文化层次等方面的差异性，在融合中西方文化的基础上对中西方国家不同的文化知识和文化传统进行比较研究。例如，我们在聊天时会谈及对方的年龄、收入、婚姻等私人话题，而在英语国家这些问题都是涉及个人隐私的。

（二）坚持语言教学与文化教学相结合

语言教学就是两种及两种以上的语言之间的转换教学，是两种语言之间信息的相互表达，是交流和沟通人类思想、文化的桥梁。语言教学要使学生有双语甚至多种语言的能力，要从双文化甚至多文化的角度去准确地表达两种语言文体的风格，使人们能够通过阅读学习了解不同语言、不同民族以及不同地域的文化。

每个国家、每个民族，都有自己的语言和自己的文化。语言是文化的载体，同时又是文化的重要组成部分，是文化信息的代码。没有语言，文化就不可能存在；语言也只有能反映文化才有意义。两种文化环境的跨文化交际活动，同时也是两种语言思维的再创造过程，要遵循一定的标准和原则，要准确地传达原作要表达的思想和内容，要符合目的语国家的文化意识要求，要能简洁流畅地表达目的语国家的文化视角。

语言是自我的表达，也是文化的反映。任何一种语言都离不开特定的文化，理解语言必须了解文化，理解文化又必须了解语言。在英语阅读教学中，要有语言对比意识，还要有敏锐的文化对比意识，要充分考虑语言中的文化，充分理解语言中的文化背景，使交际活动中目的语交际对象能够充分了解原文语言的文化世界。

语言教学和文化教学是融合在一起的整体，语言教学离不开一定程度的文化教学。跨文化交际能力教学的任务就是培养出在不同文化背景下能够用语言进行有效交际的高素质应用型人才。只有把语言教学和文化教学融合起来，成为一个有效的跨文化教学体系，才能有效提高学生的跨文化交际能力。

语言是交际的重要手段，人类交际分为语言交际和非语言交际。在语言交际中语言表达起着重要作用，而语言表达方式以及对语言意义的诠释与语境紧密相关。语境是指交际参与者所在的语言群体的历史、文化背景等，是在该文化成员之间约定俗成的，是他们文化认同的一部分。

非言语交际不是通过口头与书面语言在沟通中传达信息的过程，非言语交际形式包括语音语调、眼神交流、身体接触、脸部表情、空间距离等。很多研究表明，沟通的大部分含义不在语言表达之中，而在语言之外。需要引起注意的是，作为非言语交际的手势体语，其重要性有时会大于言语交际，即通过手势体语来否定言语交际的内容。比如，在言语交际中用表示拒绝的言语，而如果同时通过手势体语或眼神，则可对这种拒绝表示否定，而让交际的对方感觉是被赞同或接纳的。非言语交际在跨文化交际中起着非常重要的作用，跨文化交际对非言语行为的依赖程度很高。由非言语交际行为的差异引起的文化冲突比由语言行为的差异所引起的文化冲突还要严重，因为非言语行为一般是情感或情绪的表露。非言语行为大部分是后天习得的，常常为某一文化群体内的成员所共同享有，构成了该群体文化的一部分，带有很强的文化特征。

（三）扩大阅读领域

1. 文化讲座

在进行英语文化导入英语阅读的教学中，举办各种形式的文化讲座是扩大学生阅读领域的有效途径。英语教师文化讲座就是学校的英语教师、英语专家等以演讲的方式举办讲座，向学生传授有关英语语言和英语文化的知识。

文化讲座的举办形式有四种：①某一英语课题或某一文化知识的专题讲座。②学校安排在每个学期、每个学年进行的英语文化知识系列讲座，这样可以有系统、有目标、逐个地进行文化专题的讲授。③不定期地和学生进行面对面的英语交流，可以有针对性地对学生集中提出的英语文化方面的问题进行解答。④通过多媒体电视、广播、视频的方式进行英语讲座。

文化讲座有很多的优点，它不仅便于教师突出教材的重点和难点部分，还可以将支离破碎的文化信息重新整合构造，使学生对某一专题有更全面、更深刻的了解，这是学生最容易接受的教学策略之一。

2. 漂流阅读

这种阅读方式是指教师根据学生的认知水平，专门制定英语阅读的一系列阅读活动。

漂流阅读充分扩大了学生接触英语背景知识和英语文化的渠道，大大提高了学生的阅读能力，开阔了学生的文化视野。这样的设计方式可以结合阅读和反思两个方面，让学生换个角度，用英语式的思维看世界，在潜移默化中促进学生语言文化的双向习得。

3. 语言实践

学生学习英语的目的是能够培养自身的文化意识，将来运用于英语语言交际中。因此教师要进行正确的跨文化意识引导，积极鼓励学生进行各种形式的英语语言实践活动，充分利用现代多媒体网络教学的手段和方法，创造英语语言的文化环境，使学生体验异国文化氛围。

第四章 英语阅读教学的多元模式

第一节 支架教学模式下的英语阅读教学

目前，有相当一部分的学生认为他们在英语阅读方面投入的时间和精力与产出不成正比。许多学生想当然地认为，只要把大量的精力用在单词记忆和语法剖析上，英语阅读就会非常简单。正是因为抱着这样的态度与学习方法，才产生了大量学生厌恶英语，尤其是厌恶阅读的现象。而产生这种现象的根源与中国学校内传统的英语学习和教学方法有着很强的联系。一方面，虽然中国学生从小学就开始进行英语课的学习，但他们一直受着应试教育指挥棒的束缚，于是，很早就养成了自己学习英语固有的一套方法——背单词、练语法、做题目。然而，令中国学生惊讶和苦恼的就是他们这套约定俗成的方法，却在英语学习中成为障碍。正如前面所言，无论学生怎么努力，都无法突破阅读能力提高这个"瓶颈"的窘态。另一方面，以教师为中心的传统教学模式，同样也是造成学生无法高效地提高阅读能力的重要原因。教师在课堂中"一言堂""满堂灌"的现象让具有自主能动性的学生丧失了积极思考、踊跃参与的兴致，使得课堂教学沉闷死气、缺乏活力。

因此，英语阅读教学急需一种新型的教学模式，既能让学生恰当地认识阅读，并有效地提高阅读的水平和能力，又能让学生积极投身于阅读课堂中来。以学生为中心，让学生积极主动参与课堂教学，并主动思考教学中教师所提出的每一个问题，于是，支架式教学应运而生。

一、支架教学模式概述

(一) 支架教学模式的概念及其解释

关于支架教学模式的概念，欧共体"远距离教育与项目"的文件中把它界定为："支架式教学为学习者在理解和建构知识的过程中提供了概念框架，而这是学习者在进一步理解知识过程中所必需的。"因此，必须先将复杂的学习任务加以分解，然后，由浅入深地引导学习者理解知识。

其实，这里的"支架"是一种暗喻。支架原指建筑行业中的脚手架，而脚手架在建筑房子的过程中起着支持、建设的作用。在"支架式教学"这个概念中，学生可以被看成不断建设着的大楼，而教师的"教"则起到搭建脚手架的作用，学生这座不断起高的大楼正是在教师脚手架的支持下拔地而起的，最终使学生实现了对知识不断建构、不断稳固的过程。

具体来说，在日常的学习过程中，学习者经常会接触到难度相当大的问题或任务，而这与学习者自身解决问题或任务的能力有着很大的差距，而这种差距使得学习者在自身建构知识方面面临着困难，也就是说学习者凭借自身能力很难或无法解决这类问题。这时，如果教师或其他有能力的人为学习者在这个过程中提供必要的帮助或支持，但又不直接为他们提供结果，从而使得他们自己利用已有的知识来理解、内化并建构新的知识，使其原有的水平上升到另一高度，那么，这种"帮助或支持"就是为学习者所提供的"支架"。

（二）支架式教学的优势

1. 实现了"学生中心"的现代教育理念

目前教学思想强调教师和学生之间的互动。支架式教学充分肯定了学生中心的地位，教师将成为学生学习的引导者，而不再像传统的课堂那样，教师占据主要角色，学生只是知识被动的吸收者，这样极大地避免了"一言堂""满堂灌"的教育现象的发生。具体来说，在阅读课堂中，通过教师提供的阅读技巧或阅读方法，学生能主动地对其进行独立思考，或积极地与老师、同学就其应用进行讨论，然后，独自将所获得的阅读技能应用到实践当中。整个课堂形成了师生之间、学生之间良性的互动。此时，课堂的主角已由教师转向了学生，整个课堂实现了"多主体"的良性对话。

以学生为中心的支架式教学并不意味着教师在课堂中地位的下降。相反，教师所要起到的作用将会更加多元化。具体说来，教师应该成为课堂中学生学习的"引导者"、课堂气氛的"调节者"、课堂管理的"领导者"、课堂讨论的"组织者、参与者"等身份。因此，教师必须比以往更加熟悉教材和教学背景知识，在设计课堂讨论时，教师还要充分考虑学生的水平、兴趣、性格等诸多相关因素。此外，在学生讨论偏离主题时，教师要适时地调整方向。对于那些缺乏自信或天生腼腆的学生要多加鼓励。总之，支架式教学模式对教师提出了更高的要求。

2. 充分挖掘学生的学习潜能

学习动机理论认为，学生只有通过内部动机（因对学习自身的兴趣而引发的学习动机），才能在学习活动中得到满足，才会积极地参与课堂教学，才会对未知知识充满好奇，才会乐于挑战难题，才会使得其学习潜能充分发挥出来。支架式教学充分地认识到了这一点，十分清楚地把发现和提升学生的潜能作为教学任务的一大目标。因此，作为课堂指导者的教师要善于洞察学生的学习状态，并且，要提高自身的教育教学素养，努力调动学生学习的积极性，因为知识是由学习者主动建构的，而不是被动吸收的。因此，只有充分挖掘学生的潜能，才能使学生主动对知识进行理解和建构。

3. 促进了教学效率的提升

支架式教学由于充分注重"教学以学生为本，课堂以学生为中心"，所以，教师会更加注重学生在课堂上学到了哪些知识，如何让学生掌握知识，而不是关注如何尽快地完成自己的教学任务。教师会采用更加新颖的教学方法，一改往日直接切入主题而忽略学生对于新知识接受心理准备的方式。比如，教师会在上课前让学生听一段与教学相关的音乐或欣赏一段影片，从而在上课的开始，让学生充满热情地做好接受新知识的准备，提高了教学效果。再比如，在传统教学中，教师高高在上，教师的发言贯穿课堂始末，学生根本没有机会来展示自己。课堂气氛自然死板，学生学习也就毫无热情，因此，在上课过程中常会发生学生神情呆滞、"左耳进、右耳出"等情况。教师在此情况下，只得通过提高嗓音的办法来吸引学生的注意，结果学生学得累，教师教得也很累。而在支架式教学中，由于有着相对宽松活泼的课堂气氛，教师时常通过创设教学情境，开展师生、学生对话的形式，紧扣教学主题，使得教师教得轻松，学生学得愉快，这样，教学效率必然会有所提高。

二、支架模式在英语阅读教学中的应用

（一）英语阅读支架教学模式的必要性

英语课堂中之所以会出现学生"费时多却收效微"的局面，部分原因归咎于有相当一部分教师还停留在以讲解词汇和语法为主线的传统阅读教学模式。这种教学模式对学生产生了极为深刻的影响，学生对阅读普遍存在误解，认为阅读就只是了解文章的字面意思，并将主要精力放在单词的运用和语法的分析上，而随之带来的危害导致了学生对文章的理解只停留在表层理解阶段，常常使得学生"不识庐山真面目，只缘身在此山中"。也就是说学生只掌握了词汇、句子的字面意义，却忽视了篇章的逻辑以及潜藏的文化意义。这样看来，学生不但不能揣摩出文章的潜在意义、理解作者的写作意图，更不能发表自己对文章的观点和想法。因此，学生也就缺乏了在英语阅读中所要掌握的归纳篇章主旨、推测作者的隐含意义、推断和猜测生词等方面的技能，更不用谈对所阅读文章评价和鉴赏的能力了。

支架式教学则充分肯定了学生在课堂中的中心地位，教师通过搭建支架的方式，层层

抛出问题，诱发学生思考，使学生真正投身于课文之中。理解文中的中心大意，推理作者的潜台词，并通过小组协作的方式相互交流意见，使得观点交融，碰出火花，从而使学生有意义地赏析课文，而不是枯燥无味地将注意力放在单词和语法练习上。这样也就避免了学生对文章理解"见树不见林"的窘境。因此，将支架式教学理念和阅读教学有机地融合在一起，不仅可以弥补传统教学的不足，而且，还能让学生真正地在阅读课堂中喜欢阅读、享受阅读，从而进一步提高英语阅读水平。

（二）支架教学模式的基本步骤

支架教学模式的基本步骤分为：创设情境搭建支架独立探索群组协作——效果评价五个部分。因此英语阅读支架教学模式也应遵循这五个环节。

1. 创设情境，激发学生阅读兴趣

上课开始之前，教师切不可盲目地让学生直接阅读课文内容。因为学生此时的阅读情绪还没有被充分的调动。如果此时就让学生投入阅读，反而会适得其反。相反，教师能够在上课之前创设情境，如给学生展示一些有趣的背景图片、视频，或是幽默的表演，则会构建学生阅读的欲望和动力。

2. 搭建支架，引发学生进一步阅读思考

在创设情境之后，学生虽然具有了想要阅读的欲望，但是，由于其阅读的盲目性，以及课本内容出现的较难语言知识点，都会影响学生刚刚建立起来的阅读信心。在这个时候，教师可充分扮演阅读引导者的角色，通过搭建支架的方式，引导学生一步一步地向课文阅读靠拢，从而使学生能够抽丝剥茧，迅速抓住文章的重难点，以便为更好地理解课文做准备。

3. 独自探索，巩固阅读技能

在以上两个步骤完成之后，学生对于课文的背景以及文章的重难点有了清晰的了解。接下来要改变传统教学中，教师带领学生逐字逐句翻译、分析、理解文章的方法，把主动权交给学生自己，让他们在教师提出的相关问题的基础上充分运用已掌握的阅读技巧，独立解决这些问题。在这个过程中，教师还可以让学生结合快速阅读和仔细阅读的方法由浅入深地理解课文。学生独自探索阶段，并不是说教师的任务就没有了。此时，教师仍然要走到学生中去，了解学生的阅读进度和他们的真实阅读水平。教师还要及时地解答学生的疑问，并留意学生阅读过程中可能遇到的问题，过后可把一些具有代表性的问题呈现出来，放在全班集体讲解或讨论。

4. 小组讨论，活跃课堂气氛

学生在带着问题的情况下，独立完成了课文阅读的任务，但由于个人阅读和理解水平的差异，学生们对于课文的部分内容总是不甚理解。这时，不妨以 6~8 人为一小组，带着学生自己在阅读中提出的问题加以讨论。学生能够结合课文内容，并联系自身实际和亲身感受，在讨论时有话可说，不仅能使学生对英语阅读产生极大的兴趣，同时，还能使课堂气氛变得生动活泼，有利于教学任务的完成。通过实际的教学实践，小组讨论确实解决了传统教学中存在的一些棘手问题。如大班化教学由于学生人数众多，每个学生无法获得发言的机会；而在支架式阅读教学中的小组讨论里，全班同学可以同时说话，其口头表达交流的机会大幅增加。同时，学生面对同伴表达，更加真切自然，避免了直接面对教师回答而产生的紧张感、焦虑感等心理负担，对进一步挖掘学生英语观点表达能力有较强的推动作用。其次，学生也会逐渐地由传统教学的知识被动接受者角色转变为课堂主动参与者的身份。另外，学生的团队协作能力也得到了加强。

5. 效果评价，促进学生进一步努力

在学完一单元内容之后，需要对学生的知识掌握情况进行检测和评价以获得教学反馈。在这一环节中，要改变完全通过考试来衡量学生阅读水平的终结性评价体系。取而代之的是，将学生平时表现和考试成绩相结合的形成性评价，作为学生的评价标准。学生的平时成绩可综合其独立阅读和小组讨论中的表现情况来得出。单元测试也要一改传统以考查语言形式为主的考试内容，而且要使题型向多样性方向发展，如让学生做一个课堂展示，或让其以单元内为主，编一个故事来表演，或让学生把读后感作为新闻专栏的形式展出，等等。为了让评价结果更加客观、科学，除了教师对学生进行主观性评价外，学生还要以小组为单位相互之间进行评价，因为学生之间的相互了解要远胜于教师对学生的了解。另外，鉴于阅读的结果是开放的、无固定答案这个特殊性，教师应带着欣赏的眼光去看待学生的观点，避免过去以纠错为主的评价手段。即使学生的某些想法有出入，教师也应该让学生直抒胸臆，并坦诚接受学生的想法，只有这样，学生才能放下思想包袱，坦然接受问题和批评，从而更好地促进学生阅读水平的提高。之后，教师可针对学生阅读学习中存在的问题进行进一步点拨、答疑，从而帮助学生矫正学习偏差，树立学习信心。另外，通过互评的形式不仅让学生知道自己在文章理解中的不足，倾听别人的看法和意见，而且，还能够促进学生之间相互竞争而形成良好的阅读学习气氛。

（三）实施英语阅读支架教学模式需注意的问题

1. 教师需弄清自己在阅读课堂中的角色——支架搭建者

在支架式教学模式下开展阅读课，首要的关键是明确教师的角色。在传统的阅读课堂

中，教师往往会喧宾夺主，把自己扮成展示才华和知识的主角，而学生反倒成了消极的旁观者和配合者。为了打破这个不正常的师生关系，支架式阅读教学清晰地为教师指明了身份——支架搭建者。因为在这样的教学环境和模式下，教师必须认识到，学生才是阅读的主人，教师的任务是通过设立支架促进学生阅读。那么，如何才能成为合格的支架搭建者呢？首先，教师要充分洞悉学生的阅读情况，知道学生阅读时存在的难点、弱点，了解学生阅读时可能存在的心理状态，以及清楚学生本身的阅读能力和水平。在此基础上，教师以学生的"最近发展区"为基点，设置不同类型的教学活动，以巩固学生的文章表层性理解能力，并试图提高学生深层性和评价性的理解能力。

2. 阅读课堂中教师提供的支架类型

教师要成为合格的支架搭建者，就必须知道在什么情况下提供什么样的支架。在阅读教学中，教师会根据阅读内容、学生基础和课堂环境而提供不同类型的支架。通常来说，在英语阅读课中，教师可为学生提供以下类型支架。

首先，是背景知识技能支架。背景知识技能支架主要是为学生提供表层知识的支架，如课文文化背景知识和语言基础知识，呈现方式主要为示范、演示以及解释等。例如，在科普阅读教学时，经常会有一些比较抽象的概念和知识，这些使得学生在整篇课文读下来之后常有懵懵懂懂之感。如果教师在此之前就能通过语言、图片或视频清晰地解释这些问题，那么，学生在阅读之后一定会对文章有更深刻的了解。

其次，是知识网络支架。知识网络支架是为内化学生知识结构而提供的支架，它的作用主要是帮助学生把已掌握的表层知识转换为知识结构。这种支架一般会促进学生深层性理解，主要方式为提问、暗示和激励等。如学生在阅读完课文之后，经常为理解了表层知识而沾沾自喜，但是，一旦碰到深层性理解问题时，学生又会乱了分寸。这时，教师不妨向学生提供知识网络支架，帮助其回忆课文的整个发展脉络，梳理作者各论点之间的关系，并顺藤摸瓜，层层突破，深入理解作者表达的深层语言含义。

最后，是思维能力支架。思维能力支架是为培养学生能力（主要涉及思维方法和认知策略）而形成的支架，为抽象性程度最高的支架。具体来说，在支架式阅读教学中，教师应该经常给学生搭建此种支架，从根本上帮助学生养成良好的阅读习惯和方法，如教会学生如何略读和寻读，如何根据上下文猜测词义等。

3. 阅读课堂中教师提供的支架应是动态的

在阅读教学中，如果教师不考虑学生的最近发展区，一意孤行地讲解他认为重要但学生已经掌握的知识，就会造成极大的教学资源浪费。由此看来，教师提供的支架应该随着学生的基础和能力而动态地做出改变。另外，支架式教学在阅读课堂中的开展，并不意味着学生会一劳永逸地在教师提供的支架下学习，也并非意味着教师在教学结束时一并撤走所有的支架。但过早或过迟地拆除支架都会使教学效果大打折扣，更有可能会使学生产生难以治愈的"智力伤害"。到底何时撤除支架才更为科学呢？教师应该时刻秉承"授人以鱼，不如授人以渔"的教育理念，也就是说，教师要明白现在提供支架的目的就是为了将来能够更好地撤除支架，让学生独立地运用自己已掌握的知识和方法来解决阅读中出现的问题。在支架式教学中，教师提供的支架应随着学生阅读能力的增强而不断地撤除。如前文中提到的背景知识技能支架可尽早撤除，因为这种支架主要涉及文章的基本语言点和课文背景介绍，易于被学生理解和接受，因此可尽早撤除。而知识网络支架侧重对学生深层理解的培养，这种支架会根据学生的最近发展区而相应地撤除，因此，它可能会随搭随撤，不间断地穿插于基础知识技能之中。而对于思维能力支架来说，由于它更注重对学生阅读时的监管和调控，关注学生优良阅读能力的形成和培养，因此，这种支架的搭建应是长期的、累积式的，可能贯穿于整个阅读过程。因此，这种产品支架不仅不能提前撤走，而且需要反复搭建，直到学生自己能独立赏析、评价课文为止。

第二节　小组合作模式下的英语阅读教学

一、小组合作教学模式的概念

合作学习，又称协作学习或共同学习，该课堂教学组织形式目前在世界范围内被广泛使用，是一种富有新意和实践的教学思想和策略系统。

合作学习按照"组内异质、组间同质"的原则将班级内学生分成若干个小组，然后遵循一定的合作模式，以每个小组为中心，结合组间质疑与补充、全班指导与点拨的形式，引导学生在依靠小组力量的同时凭借自己的努力完成学习内容，与小组及班级同学互相帮助共同完成每节课的学习任务。除此之外，教师还可以通过对小组学习成果的考查给学生予以评价，从而督促小组进一步合作。

我们可以认为，合作学习是组织学生在小组学习中从事学习活动，达成共同学习目标，使学生通过合作最大限度地促进自身及同伴的学习的教学策略。由此我们可以看出，团队的力量是强大的，合作学习对于各种课型的促进作用是毋庸置疑的。

合作学习的显著特点是能够以学生为中心，除了教师与学生的互动，也有学生与学生之间的互动；学生通过合作在小组内共同学习和进步，这一过程也促进了学生之间的相处，有利于学生身心的健康发展；个人竞争被改为小组竞争，形成了"合作+竞争"的良性竞争格局。合作学习基本可以解决阅读课堂的枯燥乏味问题，使学生通过小组合作的形式共同探讨阅读问题，这不仅可以激起学生的兴趣，也会降低阅读难度，从而使其不厌烦和逃避阅读课，循序渐进地提高阅读能力。

二、小组合作教学模式的操作程序与实现条件

小组合作式教学模式是为了让学生在学习中有着明确的分工，让学生相互帮助，从而完成教学目标的一种方法，在英语阅读教学中的应用十分广泛。下面，这里将对在英语阅读教学中应用小组合作教学模式的具体做法进行详细分析。

（一）科学分组

首先，小组合作教学模式是在一个课堂之中将学生分成若干小组，使其通过独立思考、小组争辩来探讨特定的问题，并且由此形成统一的认识；其次，每个小组都要选派相关代表将本小组的意见表述出来，与其他小组进行讨论，最终确定一个较为统一的答案方向；最后，教师总结小组的探究结果，最终找到问题的答案，由此完成小组合作活动教学。

在这种以小组为单位展开的合作之中，每个小组可以有 4~6 名同学，每个学生都是一个基本单位，每个学生都要表达出自己的想法，然后进行汇总，得出小组结论。这几个学生便是一个基数，提出小组意见，然后在组际之间展开探讨，最终在全班范围内形成一个趋同的答案。

在这种合作过程中，学生需要进行独立的思考、相互辩论，充分调动起自己的思维，使其充分发挥自己的自主性与积极性，在寻找答案的过程中主动寻找可能的途径，如此，学生便可以从多个角度发现问题的答案方向。在这种活跃的思维状态之下，学生会开启一个新的领域，他们也会有新的思考方向，也因此会提出一些创新性的看法与意见，在英语阅读课堂中呈现了一个全新的局面。因此，在分组之时，教师应正确选拔小组长，同时也应让每个成员有明确的职责分工，为合作教学打好基础。

俗话说："鸟无头不飞，兵无将不勇。"一个团队必须要有领导人，才能展开有效的小组合作活动。那么，小组长的作用是什么呢？一方面，小组长是全团队的学习榜样，是每个组员真心拥护的领导，这将便于学生在小组长的引导下展开有效合作。另一方面，小组长在开展活动的时候必然会涉及领导与组织全团队的工作。所以，小组长的选拔十分关键与重要。在选拔小组长时，教师应优先考虑那些智力发展水平良好、发言积极、操作能力强、表现欲望旺盛的学生。同时，教师还要考虑小组长与本组组员的关系，让小组长与其他组员进行合作与沟通，所以小组长的沟通能力与人际交往能力也是十分重要的。因此，

当教师选拔好小组长之后，便要对其进行培训与指导，提高小组长的管理能力与人际沟通能力，让所有学生在小组长的带领下进行发展。总而言之，小组长的组织、安排、协调、归纳等能力都是必要的学习才能，教师应全面考查学生的学习表现，以便让学生在组内完成学习探究。

选拔完小组长之后，教师便要根据合作学习的需要进行职责分工，保证每个学生都能到小组合作学习活动中，让每个学生都进行独立思考，保证每个学生虽然做的事情不一样，但却是为了解决共同的问题。在合作学习活动中，每个学生都有相同的学习机会，所以每个组员都应有自己的特定角色，如一个组内可以安排发起者、鼓励者、校对者、表扬者、研究员、总结人员、记录员等多种岗位。发起者应负责分发材料，监督任务的每一个操作流程；鼓励者应鼓励其他成员努力学习，在讨论中激发每个组员献计献策的潜能；校对者要保证所有成员都应从同一信息入手，理解任务本质，向小组宣读、说明与汇报记录详单；表扬者应起到烘托气氛、支持别人的作用；研究员需要确定并获取所需材料的信息，使用后还要归还材料，负责整理本组组员使用材料的具体情况；总结人员需要负责展示本组探究成果；记录员应负责记录重要的数据、决定、成绩、小组结论等多种信息。在小组合作学习活动开始之前，教师就应该让学生明确每个角色的具体分工与所在职责，使每个学生了解自己的学习任务。

（二）加强师生、生生互动

加强师生互动、生生互动包括两项内容，即教师与学生之间的合作及个体与群体之间的合作活动。传统的教学模式十分强调师生之间的互动与交流，在学生参与课堂教学活动时，师生需要共同合作完成教学任务。在实践之中，这种方式被广泛应用且取得了较为明显的教学效果。但是，师生互动的形式相对来说比较单一，大部分的师生互动都是以师生问答的方式进行的，或者是教师引导学生回答问题。这种模式只能对调动学生的思维状态有提示作用，但并不能开启他们的智力，使他们的思维处于休眠或者半休眠的状态，无法激发出学生的创造能力。小组合作教学模式倡导丰富师生互动的形式，教师应与学生建立合作关系，从而真正挖掘他们的潜能，使其真正成为创新性人才。

英语阅读教学的整个流程都是在教师引导下展开的，可以说，任何教学活动都是以师生之间的互动与交流为主的，只不过在生本课堂下，师生互动的目的在于教师的"教"是为了促进学生的"学"，教师的教也是以启发、引导等合作者角色展开的。

加强个体与群体合作是以一个学生与其他学生建立合作而共同完成学习任务的学习方式，也就是个人与群体之间的合作关系。这种合作方式又可以转化为群体里多个个体与单体形式的合作，也就是个体与群体、个体与个体相互联系的方式。这可以将持有同样观点的学生分成一个小组，使其形成合作关系，存在不同意见的学生也可以通过讨论、争辩等另外一种合作关系实现进步。要想在英语阅读教学中真正应用这种合作模式，教师需要注意以下两个问题。

第一，营造和谐的学习氛围。在教学中，教师要在课堂中运用讲授或者现代化的教学手段激发学生的学习兴趣，尽可能为学生构建一个和谐的学习氛围。在设置教学内容时，教师应该就一些热点问题或者关键问题设计一些具有辩证性与讨论性的问题，组织学生以小组的形式进行讨论或辩论，让学生融入这种和谐的合作学习氛围中，使其感受自己的创造力被不断地开发出来，从而享受学习的乐趣。为了达到这个目的，教师可以让学生分饰角色，每个学生都要明确自己的工作内容，并且让每个学生都能够积极参与。

第二，因地制宜地考虑学生的接收程度。在小组合作教学模式之下，教师要培养学生积极向上的合作精神及百折不挠的创新精神。现代社会要求学校充分发挥学生的潜能与创造力，使其在交流与互动中接受知识，进行创新。因此，教师必须要先了解学生的实际情况，让学生的思维得以真正开启，为他们充分发挥自己的创造力提供广阔的空间。

（三）渗透合作技巧指导

小组合作教学模式可以遵循"一个声音措施""两分钟措施""互不干扰措施"三个原则，以此让学生在讨论交流中获得更好的学习效果。在这三类合作技巧指导下，学生可以形成更好的合作习惯，而这种能力也可让学生学会如何学习，如何通过合作习得知识与能力。

"一个声音措施"是指为了保证全班记录，学生在交流与发表个人观点时应使用洪亮的声音，吐字清晰，以此表达自己的观点与看法，其他学生要保持安静，认真聆听，可以在内心比较各自观点。待学生发言结束之后，其他学生便可站起来陈述自己的观点或发表自己的看法，而这对于促进生生之间的交流与互动是十分有益的。

"两分钟措施"是指学生在汇报小组学习成果时应在两分钟内结束，这就促使学生不断揣摩与思索流利而富有感染力的发言，所以会提前组织语言，保证自己思维与条理的清晰性，进而大大锻炼学生的思想能力。从某种程度上来说，"两分钟措施"也是锻炼学生精练语言能力的一个重大考验，是提高学生语言表达能力的必要措施。

"互不干扰措施"是指应在不同的场合使用不同的发言与合作方式。例如，如果是要求本组组员听清楚，但是又不能影响其他学生学习，那么便需要控制音量且适合在组内交流与讨论中进行。但是，如果在课堂上，那么这种措施便不适宜使用，而应选择更加精练、简洁的语言来表达自己的想法。在英语阅读教学中，教师还应让学生学会"四会"。首先，学会倾听，即他人发言时应避免僵化，如果有疑问，可在他人发言结束后提出；其次，学会质疑，即不可不懂装懂，而是要勇敢地提出疑问；再次，无须人云亦云，他人的观点并非是正确的，教师的观点也不一定是正确的，如果知道正确答案，那么就应该及时提出，既不因出错而自卑，也不因正确而骄傲；最后，学会培养自己组织大局的能力，提炼活动精华所在，做好总结发言的准备。

（四）做好预设与生成

英语阅读教学中的小组合作学习是学生得以发展的动态生成过程，每个学生都是鲜活的生命体，并且随着教学活动的展开而得到发展与进步。在动态教学中，教师、学生的思想将会与英语阅读内容不断碰撞，创造出新的火花，学生也必将在此过程中形成新的学习需求，产生新的学习方向。在此类动态发展过程中，学生能够获得各方面的满足与发展，使教师与学生共同感受到生命活力的涌动。为此，教师应做好预设与生成，凭借教学机制来应对生成性问题。另外，教师还应在预设时加强科学性预测，为动态生成留出适当的教学空间，为学生的发展提供更广阔的舞台。

（五）完善评价机制

小组教学活动大多都是围绕质疑与解疑活动展开的，而为了调动每一个学生的学习积极性，教师应根据小组学习表现选出最佳提问者与最佳回答者，进而让学生在合作学习中更加用心地思考与学习，让他们体会到学生个人探究与质疑的价值，肯定自己的努力与进步。随后，教师要根据每个学习小组的合作学习情况及时打分，设置知识点分数、质疑分数与创新分数等，激励学生全面思考问题，提高学生的质疑能力与创新能力。每堂课上，教师都可以让学生展示自己得了多少分，或者是学生的星级表现，突出表扬星级高的学生与小组，让每一个表现突出的小组与学生都可受到激励，从而在兼顾集体荣誉的同时，还可照顾学生的个性化需求。可以说，建立与健全评价机制直接影响着小组合作教学的教学效果。从另一个层面来说，教师对小组合作学习的评价内容与评价重点也反映出教师的教学重点。因为若教师更看重小组合作学习效果，便会将评价重点放在小组评价之中；若教师更加看重学生的个人表现，便会使用一些带有个人学习特色的评语来进行评价；若教师兼顾二者，便会将小组评价与学生个人评价结合起来，从而为学生的自主、探究、合作学习提供更加广阔的发展空间。

其实，如果小组合作活动仅仅是一个形式，那么是完全没有必要的，因为教师必须要重视交流合作，利用讨论来让学生真正有所得。因此，教师需要设置科学的主题、有效的合作形式、渗透合作技巧、加强生生与师生互动及完善评价机制，以此应用小组合作教学模式。

时代在发展，伴随着科学技术的不断提升，各国之间的合作日益增进，对于人才的争夺更加激烈，培养全面发展的人才成为教育的发展方向。传统的教学模式越来越难以承担如此重任，合作学习模式作为一种新的教学模式，经历了从不成熟到成熟、从不完善到完善的过程。因此，英语教师要积极组织小组合作教学活动，切实丰富学生的合作体验经历。

第三节　思维导图支持下的英语阅读教学

一、思维导图的概念

（一）思维导图的内涵

英国学者托尼·巴赞于 20 世纪 70 年代提出思维导图和放射性思维。他提出，放射性思维是一种新的高级思维形式，它以大脑为基础，而思维导图是放射性思维的自然表达形式。大脑是思维导图得以产生的基础，现代生理学表明，人的大脑有左脑和右脑之分，左脑负责语言、抽象思维、逻辑思考等，而右脑负责音乐、图画、形象思维等，思维导图则很好地将人的左脑与右脑相结合，通过符号、图示来表达大脑中呈现的东西。它将传统的单项思维模式转变为多维的发散性思维的模式，左右脑相互协调，同时进行全脑思维。它又被称为心智图、脑图等。

（二）思维导图的特征

思维导图有以下三个基本特征：其一，中心图像用来呈现核心内容；其二，分支从这幅图画向四周散射，首先被分成各大主题，附在中央图画上，然后此主题也以分支形式表现出来，附在上一层分支上；其三，分支由一个关键的图形或者印在相关线条上的关键词构成。此外，董博清还提出，不同的级别和内容可采用不用颜色来区分。

（三）思维导图的多领域应用

思维导图自被提出之后，使用这一学习工具和方法的公司和机构为数众多，其中包括 IBM、通用汽车、汇丰银行、波音公司、科威特石油公司等。此外，近年来思维导图在物理、化学、生物等领域得到应用，研究还扩展到教师职前培训、经济中新产品的设计和开发等科目和领域。总之，思维导图以其自身优势被广泛地应用在国际范围内的众多领域。

（四）思维导图的构建

思维导图的构建包括两种，一种为软件绘制，常用的绘制工具有 Mind Map、Mind Manager 等，软件绘制具有美观、色彩明亮等特点；另一种即为手工绘制，手工绘制具有便捷、不受软件限制、更加利于拓展发散性思维的优点。董博清在其相关文章中详细地介绍了手工绘制思维导图的步骤：第一步，在纸张中心位置写出需要表达的中心点；第二步，从导图中心点向四周延伸，根据实际情况扩散出二级主题、三级主题等；第三步，用线条将各个关键词和主要内容连接起来，并且在纸上留出适当的空间以便添加新的内容；第四步，各级主题词之间的关系可以用其他符号如箭头等进行连接，显示其之间的关联性，同时也可添加图案、符号等做标记，不仅使思维导图更加明了，还增加了思维导图的特点及趣味性；第五步，不同层级之间的分支可以用不同的颜色来标记，也可以用不同粗细的线条来标明，绘制者可根据实际绘制符合自己爱好和习惯的导图。

二、思维导图的现实应用策略

阅读语篇的选择既需要适合学生的学习实际和课堂教学实际，又要能够有利于学生运用思维导图。学生已经掌握了一定的词汇量，阅读语篇的长度和难度都要适中，过长的语篇使学生没有阅读的兴趣，过短篇幅由于阅读内容过于简单，导致学生的阅读能力和阅读的区分度太小。考虑到思维导图的应用要在阅读的课堂上完成，教材上的语篇设计话题广泛，话题包括社会、文化、科学、教育、文学等方面，通过对这部分的阅读，学生可以了解西方国家现实生活和社会发展的方向。

英语教材中 Reading 部分的教学目的是希望学生在阅读过程中提高英语阅读能力。而在传统的阅读教学过程中，通常都是教师笼统地提问、学生被动地回答，这就造成部分学生不能参与阅读过程，同时教师也不能直观地判断哪些学生没有参与阅读过程。所以，本研究选择在 Reading 的教学过程中应用思维导图来教学，更加突出以人为本的教材观。

（一）不同文体文本阅读思维导图的设计

英语教材中的阅读理解语篇注重题材的多样化、现代化和生活化，不仅主题广泛、科学实用，而且生动有趣。阅读理解语篇涵盖了人物故事、名人传记、前沿科技、环境保护、地理现象和历史文化等话题，并且趋向于当今世界的热点话题，充分体现了"语言是文化的载体"这一重要思想。相较来看，社会文化、人物故事、科普知识和时文报道类的文章占有较大的比重。从体裁方面看，英语教材的阅读理解语篇尽量追求体裁的多样化。总地说来，一般分为四种：记叙文、说明文、应用文和议论文。

阅读语篇的题材多样和广泛，不便于思维导图的模板设计和示范教学。本研究将根据阅读语篇的体裁设计思维导图。

1. 记叙文思维导图

记叙文是阅读教材中比较多的文体。时间、人物、地点、事件是记叙文的重要因素。在记叙文的教学中，教师在阅读课堂上要引导学生抓住阅读语篇的基本要素，找出人物、事件及事件发展的过程。记叙文的教学策略要求学生能在阅读中把握情感，这对学生来说是最不容易的部分，在思维导图设计过程中需要首先强调学生要注重阅读材料的主题。在设计记叙文思维导图模板时，首先在中心点找出记叙文的特点，在第一分支分出记叙文的基本要素——人物、事件、情感；其次在下一分支再分出具体的人物、事件、情感。

结合课文内容带着思维导图的基本模式去阅读课文，大脑首先关注的是文章的主题，把文章的主题绘制在图的中心位置。随着课文阅读的推进，在思维导图的一级分支中找出主要人物。随着事件的发展，主要人物的情感也在不断地发生变化。通过思维导图的呈现，这篇文章的整体结构和细节内容都能具体化。为了得到更多的信息，如人物的性格、事件发展的细节及最后的结果，在思维导图的二级分支中继续拓展文章的信息，拓展的信息越多，拓展的层级越多，文章的细节就能得到更多的体现。设计好之后，学生可根据个人爱好对自己绘制的思维导图进行装饰和修改。

2. 说明文思维导图

说明文体是以说明为主要表达方式的文章，是对事物进行客观说明的一种文体。教师需要引导学生从阅读材料的语言特点角度，先判断阅读材料是属于什么体裁。确定文体后教师再要求学生根据文中的副标题确定说明对象、说明对象的组成部分及不同类型的特征。设计说明文思维导图模板时，首先在中心点找出说明文的特点，在一级分支找出说明文要说明的对象、对象的特征及说明对象在实际生活中的应用。二级分支表述特征说明时，这一分支要更加具体地体现出说明对象的表面特征和功能特征。三级分支就具体的功能展开说明，在绘制的过程中还可以加入学生自己的理解和标注。根据不同的说明文，学生可以不断地延伸分支，直到能清楚表达阅读篇章的内容为止。思维导图的主题在中央，一级分支包括三个主题，分别是说明对象、特征说明和实际应用。其中，特征说明的下一分支是表面特征和功能特征，而功能特征的下一分支是具体的功能，在绘制的过程中要根据阅读材料的实际及自己已有的知识进行绘制和调整。

3. 议论文思维导图

议论文是说理性很强的阅读材料，议论文一般由论点、论据和论证过程组成。议论文首先会提出明确的论题、根据论题而产生的不同观点、针对论点提供充分的证据，使用一定的证明观点或得出结论。在设计议论文思维导图模板时，首先在中央找出议论文论题，一级分支便是议论文的论点。在二级分支再分出不同的论据，在论据的下一层级还可以再细分论据的具体信息。学生还可以根据具体的课文在思维导图上写出自己对相关知识的理解。

把握不同体裁的文体特征有助于学生对不同体裁材料的阅读，根据阅读材料的不同体裁设计的思维导图模板，都是作为示例引导学生在课堂上应用的，而在实际的阅读课堂中，教师需要引导学生自己动手绘制具体的思维导图。

总体来说，教师要摆脱固定单一的教学方式，独具匠心，在阅读课的开始就引导学生根据文章标题进行积极预测，引发学生兴趣，让学生进行思考，从而达到培养学生批判性思维的目的。在预测过程中，授课教师应根据时间先后顺序或者其他的逻辑顺序来安排预测，问题设置紧紧围绕文章主旨内容来开展预测，并且思路清晰，结构严密，易于学生理解和把握。

（二）思维导图的应用

1. 构建导图，梳理结构

在阅读过程中，首先，授课教师利用思维导图帮助学生厘清思路，快速掌握文本结构与主要内容，引导学生从宏观方面把握文本，提高学生比较与分析问题的批判性思维能力。其次，教师利用关键词，清楚地显示出文章的脉络，易于学生迅速理解和掌握。最后，授课教师在绘制思维导图过程中，利用丰富多彩的颜色和图形绘制思维导图，充分运用线条和图形来构建适合学生记忆的图式。

2. 基于文本，深入文本

教师应根据文本的表层信息，设计相关的问题，对学生的思维进行拓展，让学生了解文本背后隐藏的含义。教师可以给学生设置相应的语言赏析和评价任务，使其了解作者的写作目的和情感，提高学生的批判性思考水平。赏析任务的设置可以使学生设身处地地了解作者的感情和态度。

3. 话题讨论，学生自主

运用思维导图，教师更善于从阅读材料中挖掘适合学生进行探讨的问题，通过小组讨论活动，开发学生的思维，锻炼学生组织语言的能力，拓展学生思维的深度和广度，让学生根据从课本中学到的知识自己语言组织进行陈述。通过讨论方式，提高学生的参与度与积极性，提高学生的口语水平。此外，授课教师还要充分尊重学生，引导学生各抒己见，留给学生一定的主动权和充足的思考空间。

4. 赏析评价，发展思维能力

为了优化学生的思维品质，英语教师应当引入思维导图教学，设置合适的语言赏析和评价任务，让学生根据自己的理解对文章中的句子进行赏析和评价，以此来了解作者的写作目的和情感，从而提高学生的评价思维能力。

第五章　英语阅读教学与翻转课堂的结合

第一节　英语与互联网交互的阅读教学

一、互联网与英语教学的关系

（一）把互联网引入英语教学日趋重要

步入信息时代，互联网的迅猛发展改变人们的教育观念，改变教师的教学方式，教师借助计算机教学软件和互联网进行英语教学，使互联网成为或将要成为一种新的英语学习模式，让学生在宽松、民主、平等、和谐的氛围中学习。

英语学习的目的是为培养学生的语言运用能力，即平常人们所说的听、说、读、写的能力。而我们的学生，虽然经过很多年的英语学习，但听、说能力，尤其是说的能力还很差。究其原因，在某种程度上与人们传统的教学模式有关。"教师讲—学生听"的"广播式"讲解，很难激发学生的兴趣，很难发挥他们的主观能动性。另外，教师提供的信息非常有限，满足不了学生的个性需要。因此，在英语教学中，应特别强调以教师为中心转向以学生为中心，让学生养成爱学、乐学、会学。而互联网在英语教学中的应用，就能很好地解决这个问题，使教师—学生互相沟通，共同学习，双向交流，达到教学的目的。

英语教师通过互联网可以方便地获取教学所需的最新的素材以及各种与教学有关的辅导材料，因为互联网上有大量的英语教学资源，取之不尽，用之不竭，对英语教学有很大的参考价值，我们可以扬长避短来进行教学；学生可以克服时空的限制，利用网络获取自己需要的资料信息，还可以根据自己的兴趣和爱好去浏览，扩大自己的知识面。面对网上丰富多彩的语言材料，学生可以根据自身的需要进行取舍，寻找更适合自己的学习方法，最大限度地调动自己的主观能动性，从而达到学习的目的。

（二）用计算机辅助英语教学

随着教学的开放性和生成性，教师的教学行为和学生的学习方式有很大的改变，课堂呈现出师生互动，平等参与的生动景观。学习方式的变革成为新课改的核心任务。新课程所倡导的学习方式是合作、探究的，这种方式追求的是学生的全面发展，培养学生的合作意识，充分体现时代的要求，学生在与教师之间、与伙伴之间的合作交流所学到的东西远比从教材中所学到的东西要多得多，互联网上资源丰富，信息量大，集成各种各样的电子学习材料，可以下载各类电子文献来为英语教学服务。

（三）互联网与英语教师

英语教师与互联网的关系十分密切，就一般人而言，他们上网较少存在语言障碍。上网为他们提供广泛接触英语的机会，是英语教师更新知识、开阔视野、充实自己的最现代化的工具。而网上丰富的英语教学资源更为他们从事英语教学提供非常便利的条件。教师可以利用互联网上提供的资料进行筛选，对自己教学有用的东西将它们储存起来，以便随时查阅。教师还可以为自己建立一个最完善的图书馆，解决教学中的各种疑难问题。如今许多国内外的大型图书馆都上网，而网上本身也有相当数量的分学科、分专业的虚拟图书馆，英语教师可以利用它们，在自己的桌面上建立一个为自己服务的虚拟图书馆，从各种常用的英语词典、参考书以及大型的百科全书皆可备用。英语教师还可以利用互联网参加一些有关英语教学法的讨论，撰写经验论文，甚至可以提问题请专家帮忙解决。英语教师还应转变教学思想、教学观念，树立"一切为每一个学生的发展"的教育理论，提高自己的人文修养和专业水平。

当然，并不是说互联网上的资料都是有用的、健康的，关键是应该如何识别，如何取舍，如何在互联网上搜索到有价值的信息，为英语教学提供方便。如何引导学生正确的使用互联网为他们的学习服务，是重中之重。

（四）问题及思考

在信息技术向教学核心领域的渗透过程中，尤其是在网络环境下开展英语听说教学实践，实验教师对课程整合理念的认识发生根本性的改变，他们把信息技术由教师的辅助教学手段转变为学生学习的一种方式，英语听说教学已从知识中心向语言运用中心转变。在教学中，教师一方面要充分利用多媒体课件或网络资源，以其丰富多彩、界面友好、趣味性强的特点来激发和培养学生的学习兴趣；另一方面，在学习过程中要把发展学生综合运用语言能力与发展学习创新思维能力结合起来。同时，我们会发现一些问题：

1. 主导与主体关系处理失当

由于网络环境提供的听说教学信息量大，教师往往会由于担心学生不容易接受，教学目标实现而不就词汇、句型教学过多进行机械操练，学生看似不停地练习听、说，但始终处于被动学习之中，又陷入"以教师为中心"的误区。

在教学中，教师准备许多"情境激趣"的资源，没有必要的启发引导，故此课堂教学容易失控，学生看似占有大量的资源，但没有使其最大化、最优化，从而陷入"以资源为中心"的误区。开展的自主学习重形式、轻实质，部分学生出现疑难，没有得到及时点拨，学习时间看似充裕，但效率不佳，最后陷入"以学生为中心"的误区。

2. 生硬套用教学模式

没有发展的模式是没有生命力的模式。"为用网络"而呆板地套用或"拼凑"式地设计教学，都会使教学生硬、僵化。因此，教师不但要灵活运用模式，而且要在此基础上发展和创新。

3. 拓展训练方法单一

从一些课例中可以发现，有的教师拓展资源很丰富，但从内容到形式均为过于单一，不利于学生的思维发展。所以，在教学中教师应尽可能地通过多种形式的教学活动活跃学生的形象、逻辑和创造性思维，如开展双人对话、小组对话、辩论、游戏、看图说话、主题对话、角色扮演、故事问答和作品设计等拓展性活动，会为学生提供充分的表达和交流机会，会有助于提高其语言的综合运用能力。

4. 形式性评价运用不灵活

在英语教学中倡导实施的形式性评价是一种开放性、过程性的评价，其目的是以学生为本，促进学生自主学习，培养学生合作精神，开发学生创新潜能，对教学起着极为重要的导向、激励、调控作用。因此，网络环境下的教学评价要体现学生在评价中的主体性，注意评价方法的灵活多样性，避免评价形式的盲目性。

事实上，实验的过程是一个不断、解惑、总结和提高的过程。开展"网络环境下英语听说教学的创新探索"实验，把信息技术作为促进学生自主学习的认知和情感激励工具、学习环境的创设工具应用于英语教学中，优化教学资源、教学要素和教学环节促进教学方式的根本改变，培养学生的自主学习能力和创新精神，为实现英语教学跨越式发展奠定良好的基础。

二、网络对英语阅读教学的必要性

21世纪是人类进入信息化社会的时代，高科技的发展对教育发出挑战，对人类提出新的要求。面对新技术革命和新的人才观念，教育改革势在必行，而教育方法和教学手段现代化是教育改革的主要内容之一。在学校教学中，随着多媒体计算机技术的成熟，为学校进行现代化教育、深化教育改革提供了支撑，而教学网络的建设和网络教学实验如雨后春笋，方兴未艾。阅读是英语教学的核心内容之一，如何科学地使用网络资源来调动学生的学习积极性，把英语阅读教学提高到一个新的水平，如何有效地提高学生的阅读能力，一直是英语教学工作者所关注的一个焦点问题。多年来，英语教学理论工作者和广大英语教师对此进行了广泛的研究和实践，虽已取得了一些成果，但总体效果不够理想，学生的阅读能力并没得到明显的提高。

二、合理利用网络资源对英语阅读教学的必要性

二十一世纪是人类进入信息化社会的时代，高科技的发展对教育发出挑战，对人类提出新的要求。面对新技术革命和新的人才观念，教育改革势在必行，而教育方法和教学手段现代化是教育改革的主要内容之一。在学校教学中，随着多媒体计算机技术的成熟，为学校进行现代化教育、深化教育改革提供了支撑，而教学网络的建设和网络教学实验如雨后春笋，方兴未艾。阅读是英语教学的核心内容之一，如何科学地使用网络资源来调动学生的学习积极性，把英语阅读教学提高到一个新的水平，如何有效地提高学生的阅读能力，一直是英语教学工作者所关注的一个焦点问题。多年来，英语教学理论工作者和广大英语教师对此进行了广泛的研究和实践，虽已取得了一些成果，但总体效果不够理想，学生的阅读能力并没得到明显的提高。

随着社会全球化、全球经济一体化程度的不断加深和我国教育国际化的逐渐推进，电视和网络等媒体已成为人们获取"与时俱进"的信息资源的重要渠道。

为了满足时代发展和中华民族伟大复兴的需要，我国积极推行教育课程改革与实践。阅读是中国的英语运用者运用英语的主要形式，尤其是对于大多数在工作中需要使用英语的中国人，阅读英语是最主要的形式。所以，阅读教学对中国的英语教学具有特殊的地位。阅读教学在英语教学中占有重要的地位，是提高教学有效性的重要途径。

网络教学是利用计算机设备和互联网技术的教学模式。网络以其灵活便捷连通的特点和高度的互动性成为实现互动双向交流的代表性媒体，符合国家新课程标准所倡导的探究学习方式对学习环境提出的要求。从教学实践的视角来看，定义网络教学要从学习方式分析入手。网络教学的狭义定义是指将网络技术作为构成新型学习生态环境的有机因素，以探究学习作为主要学习方式的教学活动。它的教学活动组织要在传统的课堂、网络等方面同时展开。近年来，网络教学的需求在不断扩大，它打破了传统的时空限制，是现在更是未来的重要教育手段。

（一）合理运用网络资源进行英语阅读教学符合课程改革的需要

外语是促进科技进步和经济发展的重要工具之一。为了适应世界经济发展引起的社会

信息化和经济全球化的要求，为了加快我国的科技进步和经济发展，为了培养高素质并具有创造力的外语人才，我们必须加快课程改革、广泛开发新的课程资源。教学改革是课程改革的一个有机组成部分，坚定不移地推进教学方式和学习方式的改革是本次课程改革的核心任务。

近年来，课程改革的不断深入正是打破了传统意义上对教材即各类教科书的认识，而使其外延扩大、内涵加深，学生赖以认识、求得发展的各种媒介和教学资源进入了课堂。教学资源不断扩展带动和促进了教学模式的改进，为每个学生创设了未来发展的平台和机会，使个性化的学习方式得以实现。

积极开发和合理利用课程资源、拓宽教学渠道、创建学习和运用语言的环境、在教学中体现人文性和工具性已成为外语教学发展的趋势。合理运用网络资源进行英语阅读教学有利于开发新的课程资源，符合课程改革的需要。

（二）合理运用网络资源进行英语阅读教学可持续发展

阅读能力的培养是高年级英语教学的重点。学生阅读能力低下有以下两点。

①学生只重视教材，很少猎取课外读物，阅读量偏少，阅读训练使用的材料及语篇的文本展示形式缺乏真实感和真实性，难以真正引起学生兴趣。②学生阅读能力弱，综合运用语言能力得不到充分发展，难以适应时代发展的要求。未来社会需要的人才不是容纳大量知识的"机器"，而是能从知识的海洋中提取、分析和处理信息的高手。针对目前的英语教学现状，根据任务型教学理论，我们在英语教学中（尤其在阅读教学中），合理运用网络资源，将英语阅读引入课堂。

通过对获取信息的需要来激发和保持学生学习和运用外语的兴趣和动力，使他们在信息传递和交流的活动中发现和总结语言使用的规律，进而运用语言，达到发展语用能力的目的。而语言作为载体和工具的功能和价值只有通过学习者利用它去获得感兴趣的、有价值的信息才体现出来，学习者此时才最具成就感。而通过网络，我们找到的阅读材料贴近现实，实施阅读教学容易激发学生学习英语的热情，促使学生产生强烈的学习愿望，拓宽学生视野，加大背景知识的输入，从而丰富学生头脑中的图式；阅读有利于培养学生自主学习能力，有利于变革学习方式；学生可以在愉悦中通过完成阅读这一真实任务来习得英语。

（三）合理运用网络资源进行英语阅读教学可弥补只用一种教材的不足

课本，作为学生学习英语的基本工具，是学生学习英语的基本载体。通过对课本的学习，学生可以了解一些英语的语言现象和语言知识。但课文材料的内容过于单一，没有也不可能涵盖学生想获得的全部语言信息，学生很难对语言本身以及语言现象有过多的兴趣，语言作为载体的功能也就被弱化了。

英语教材在不断更新换代，但是教材总是具有相对稳定性，课本内容、词汇、结构等难免滞后或跟不上时代的发展。学生仅仅学习书本，难以学到最鲜活、最富有时代性的语言，不能及时掌握新词汇和了解最新语言的发展；而且，文章内容和词语数量受到限制，英语教学不能达到大量输入语言信息的目的，不能丰富学生头脑中的语言图式，不利于语言知识和能力的建构，更不利于充分挖掘学生的潜能和发展学生创造力。英语一种教材的教学模式显然无法适应信息化社会发展的要求和我国对外开放、综合国力增长的需求。

所以英语教学必须打破一种教材的教学模式，合理运用网络资源进行英语课堂教学以弥补只用一种教材的不足是十分必要的。

三、网络环境下英语阅读教学的可行性

（一）合理运用网络资源的特点

它具有以下明显的优势：

①内容真实性强，贴近时代、贴近生活、贴近学习、贴近实际，内容富有感染力，体现现代生活节奏，突出阅读话题，用时事英语搭起了一座连接学习和生活的桥梁。反映现实社会的真实素材可刺激学生主动去思考、记录、讨论，从而达到学习的目的。

②词汇量大、阅读量大、信息容量大，内容丰富多彩。阅读有利于激发学生兴趣、增长知识、扩大视野、提高人文素质、激励创新，使学生在学习中发展综合语言运用能力。

③通过网络了解英美社会和世界的现状，了解当今世界在政治、经济、文化、科学军事以及社会生活的各个方面的新事物和新动态，使学生多了一双了解世界的慧眼。

④通过网络下载与课本相关的阅读材料，延伸课本知识，可以有效地辅助课本学习。

⑤通过网络进行英语阅读教学是灵活的、发展的，是学习和掌握现代英语的最实用、最简洁、最有效的途径之一。

以上所有这些都是教材所不可比拟的。

（二）网络信息技术下英语教学的特点

1. 长久性——培养终身学习的意识

在信息时代，知识更新换代的速度迅猛，人们再也不能只通过一段时间在学校的学习就能适应时代的需要，因此必须不断地接受再教育。以信息技术为基础以计算机网络为核心的远程教育，它指的是在信息技术环境和资源支持下的自我提升学习。这种教育将贯穿人的一生，以便适应社会的不断发展，这就是终身教育。

2. 实践性——基于问题解决的教学模式

问题学习的教学模式是：发现问题—提出假说—搜集事实—做出解释论证。一般是围绕一个实际问题展开，教师鼓励学生发现和提出问题，引导学生运用已有的知识和经验，设计解决问题的方案，并通过一系列研究活动使学生在实践中学习和掌握一些科学的研究方法，培养学生发现问题和解决问题的能力。这是一个开发的学习过程，在这个学习过程中，教师指导学生利用多种手段和通过多种途径获取信息，判断和识别信息的价值，并通过探究自己得出结论，达到解决问题的目的。

3. 研究性——探究式的自主（亲身体验）学习

在教学的实施上，学生根据教学个主题，自己收集相关的信息，并加以处理，将相关的内容和拓展信息制成"演示文稿"，上课时演播、交流、阐述学习心得或学术观点。这样，学生在主动求学的过程中，不仅对所学知识有了更全面、更深入的理解，而且培养了自己学习的意识，学会了怎样学习和思考的方法。

4. 主动性——创新精神、实践能力、自主探索、发现学习

身处在信息技术和共享资源环境中，学习方式由被动学习转向主动学习。学生在这种学习状态的变化中，逐步形成"获得自信"的经验，逐步学会适应自己和环境的变化，在独立探索和合作的学习中，养成自主学习的意识和习惯。

（三）网络信息技术在英语教学中运用的好处

1. 传播信息容量大

多媒体辅助外语教学可省去很多时间如教师写黑板、学生抄题等，可以大大增加课堂教学的密度和容量，提高课堂效率，减轻学生和教师的负担。

2. 突破时空限制并创设情景

计算机网络技术的发展使远程教育成为可能。它提倡的是一种随时随地的学习方式，学生可自主选择学习时间和学习地点，自主掌握学习进度。

3. 突出认知主体，实现"因材施教"

在教学的实施上，教师运用多媒体制作技术制作课件，利用网络资源平台展示给学生，让学生在教师的指导下相对独立地进行操作，个别化是按学生的个人特点进行因材施教，采用一对一形式，能使学生总是处在不断的理解中，计算机总是在根据个别学生的需要做出反应，按每个学生的思维性和路线进行互动教学。

4. 激发学生的非智力因素

古人云：好学不如善学，善学不如乐学。使用现代网络是一种好方法。由于声光形色

图的特殊作用，易集中学生的注意力，激发他们对课文学习和理解的欲望，因而学生能满怀热情，积极、主动、愉快地完成任务。另外，网络教学容易引起学生的有意注意和无意注意，心理学认为，无意注意是没有预定目的，也无须做意志努力的注意，有意注意是服从于活动任务的注意，所以对活动的重大意义理解得越清楚、越深刻，完成任务的愿望就越强烈。

（四）现代背景下开设英文报刊阅读课的重要性

随着中国国际化步伐的进一步深入，英语在跨国交流中的重要作用也日益显现，这就对英语教学提出了新的要求。同时，在教学过程中教师们也开始认识到传统英语教学方式中重语法知识传授、轻运用能力培养的观念已经不能适应社会发展对英语人才培养的要求，进而开始重视对学生综合运用语言能力的培养。阅读是在第一语言学习环境中学习第二语言与获取有关信息的主要途径，英语课程要力求合理利用和积极开发课程资源，给学生提供贴近学生实际、贴近生活、贴近时代的内容健康和丰富的课程资源，要积极利用音像、电视、报纸杂志、网络信息等丰富的教学资源，拓展学习和运用英语的渠道。

英文报刊的阅读分为两部分，一是课外阅读部分，一是课内阅读部分。课外阅读部分一般是文章难度不大，学生感兴趣的话题，是学生拿到报纸后，迫不及待就要读的部分。如"明星聚焦""开心驿站"都是学生有强烈愿望阅读的栏目。课内阅读部分（报刊阅读课中使用），是指难度较大的文章或对学生有教育意义的文章。

英文报刊能为英语教学提供大量真实地道的英语资源，充分利用这些资源，也能为学生进一步发展听、说、读、写技能和形成一定的综合语言运用能力创造机会和条件。因此，利用每周一次的报刊阅读课，教师应精心挑选学生感兴趣的文章，并授之以法，把学习的主动权交给学生，进行听、说、读、写的训练。在教学中，着重从听、说、读、写四个方面展开训练。

1. 听的训练

心理学家詹姆士曾通过调查发现，一个人平时表现的工作能力和水平经过激发后可达到的工作能力和水平之间大约有60%的差距。学生的学习也是如此。

2. 说的训练

英语作为一门实践课，一定要注重把语言知识的传授转变为语言实践，提高语言实践质量。报纸上的阅读材料经常与学生的日常生活息息相关。教师经过精心设计，完全可把一篇篇的阅读材料转化为一个个学生感兴趣又能言之有物的讨论。

3. 读的训练

在信息高速发展的今天，让学生学会如何快速获得信息是非常重要的。阅读材料的丰富程度，将大大影响学习者获得信息的速度。阅读英文报刊，不但可以帮助学生了解天下大事，学习和巩固许多英语语言知识，而且可以接触到大量鲜活的语言，大大提高学生获得信息的能力，英语报刊是丰富的当代英语语言资料库。其内容新颖，紧跟时代步伐，一些新词、新短语常常最早在报纸上出现。实践证明，教师合理利用报刊，能通过课堂教学培养学生阅读英语报刊的习惯，因此在课堂上，教师要加强阅读方法的指导。

4. 写的训练

当前的英语写作属于引导性写作，开放性不强。因此，许多学生用英语写作的积极性不高；更有些学生由于平时输入的原汁原味的语言材料较少，一提笔就出现中国式英语，读起来很不地道，针对以上的问题，可做以下的尝试。

（1）坚持做好摘记。

鼓励学生坚持做摘记，记录下阅读中碰到的好句子，经常诵读，并对课堂上没讲的文章中的重点词汇和词组辅以简单明了的例句，张贴在教室"学习栏"中，鼓励学有余力的同学课后自行阅读，积累词汇。

（2）坚持把课堂讨论话题落实到笔头。

课堂上要关注学生使用语言的情况，引导学生多用新学过的语言知识，重视学生的口头输出。口头表达能力强，必然有助于书面表达能力的提高。因此课堂上，教师要努力创设情景，鼓励学生语言能力的输出。要鼓励学生上课说到什么程度，课后就写到什么程度。好的文章，贴在教室后面，以作鼓励。

（3）坚持写读后感

鼓励学生用自己的语言为阅读文章列写纲要或读后感，巩固阅读成果，内容不宜长，80~120字即可。也可通过报纸广交笔友，交流读报的心得体会，让学生体会到"学以致用"的感觉。这一切都极大地调动学生学习英语的积极性，树立了学生用英语进行交流的自信心，进一步端正了学生学习英语的目的和态度。

经过报刊阅读指导，我们能深深地感到英语报刊作为一种信息载体，集学习、娱乐和信息吸收为一体，是学生学习英语、提高英语阅读能力理想的阅读材料。

当然，充分利用好报刊，仅仅依靠一周一课时是远远不够的，还需要把课内阅读延伸到课外，鼓励学生自主阅读。只有当报刊阅读真正成为学生拓展知识视野和自主发展的需要时，才能激发和保持学生英语阅读的兴趣和积极性。使得报刊成为伴随其成长的良师益友。促进形成正确的世界观、人生观和价值观。

总之，报刊广泛的题材可以满足学生多样化的阅读需求和兴趣爱好，因而可以较大程度地激发和调动学生的读报兴趣；以报刊为基础的活动和任务可以给学生提供具有实际意义的有价值的语言训练，促进听说读写技能的发展；报刊教学可以帮助学生树立信心，刺激和鼓动学生主动地进行课后报刊阅读，促进终身学习；报刊辅助教学在教室和世界之间搭建桥梁，能帮助学生认识和了解世界；最后，报刊提供了大量的文化信息和培养人文素养的内容。

四、网络环境下英语阅读教学的优势

（一）网络在英语教学中的好处

1. 网络可以为学生创设良好的语言情境

英语教学强调情境的创设，而网络则恰其分地解决了情境创设的问题，在教学过程中运用多媒体教学软件创设英语教学视听说的环境，它通过集中的画面提供丰富多彩的情景，如重历史画面、展示日常风情、特别庆祝节目等等，都可以通过模拟得以实现。这些都能够帮助学生理解语言，掌握语言，最终达到能独立进行用言语交际的目的。

在学习句型 "What's this？" "What's your name？" "How old are you？" 等句型时，运用教学资源中的 "英语乐园" 创设了 "在森林中" "在动物园" "在学校里" "在家中" 等几个大场景，在每一场景中，多媒体技术显示出其巨大的优越性，鼠标指向哪里对话就出现在哪里。你看：Green（故事中的主人公）眨着小眼睛用童话般的语言向你介绍 "This is a ship."，Bird（小鸟）拍打着翅膀向你问候 "Hello！How are you？" 连教室里的课桌也会扭动着身躯告诉你 "I'm a desk." 当 Green 提出 "What's this？" "What's your name？" 等问题时，学生早已等得不耐烦了，因为在正确回答 Green 的三个问题后会有一段优美的英语动画歌舞给予奖励。再加上显示屏上图文并茂，动画逼真，每个学生都全神贯注，生怕自己哪一幅画面没看清，注意力被牢牢地吸引住了。通过看、听、理解并尝试跟着说故事后，同学们能根据自己的认知水平在小组里进行模仿表演或者改编故事，而教师只需对有困难的学生巡视指导，不用大费周章地为学生准备大量的教具，营造生日氛围，检测时，让个别小组表演给大家看。下面我们就来观看一组同学根据自己的喜好自编的一个生日party 的对话：

Tony（**brother**）**Jenny**（**sister**）：（knock at the door）

Gogo：（open the door）

Tony Jenny："Happy birthday to you，Gogo！"

Gogo："Thank you very much！Come in please."

Tony Jenny："This is for you！"（手势送礼物）

Gogo："Thanks."

Tony："How old are you，Gogo？"

Gogo："Let's count the candles."

Tony Jenny："1，2，3，4，5 You're five."

Gogo："Yeah，that's right！"

Sing happy birthday song together（Gogo 吹蜡烛，鼓掌）

Tony Jenny Gogo："Let'seat！"（大口大口地吃起来，并表现出美味的表情）

在这样浓厚的气氛中，学习语言不再是一项枯燥的工作，相反，由于教学手段的改变，学生学习负担减轻了许多。再通过利用网络资源进行语言教学，使学生不仅在听、说技能方面不断得到加强，培养了学生积极动手、自主学习、合作探究的能力，更进一步发展了学生归纳、总结以及综合运用语言交际的能力，使学习效果显著提高，使每一位学生的主动性得到了发挥，学习信心也大大增强，同时也真正体现了乐学。

2. 网络可提供多种形式的训练，拓展训练量

网络向学生提供多重感官的综合刺激，产生一种丰富多彩的人机交互方式。它不仅改变了传统的教学模式，还能使声音与图像在极短的时间内传输、储存、提取或呈现出大量的语言、图片、动画等。例如，食品与饮品时，课件可以将具体的食物图像与读音相结合，学生在对食物外观形成感性认识之后，很容易掌握反复出现的对应的食物读音。通过将所有食物归类的检查练习发现，学生在很短的时间内能正确发音及分类。可见这种多媒体课件以其形象、生动、丰富的图像及声音，充分调动学生的视觉、听觉器官，符合学生的感知规律，使学生在轻松、愉快中掌握知识。这种声、像结合的教学，能刺激学生的视觉、听觉器官，极大地激发了学生的学习学习兴趣，符合学生的感知规律。而且网络辅助英语教学可以扩展课堂容量，传统的英语教学停留在黑板、收录机、投影机上，教师讲解语言点，这种教学模式既浪费时间，又沉闷。运用网络教学可以生动、直观、科学、准确地传递大量信息，丰富教学内容，增加课堂容量。由于英语课上所需的教学资源是课题组预先集体制作好的，这样既节省了课堂上准备教具的时间，又可使课堂紧凑、有条理，重点难点一目了然。学生只要用鼠标点一下，屏幕上就可以看到所要学的内容，除了完成课标应达到的要求之外，学生还可以在因特网的知识海洋里畅游，尽情地学习拓展的英语知识，大量视听英语故事，从而大大提高单位时间理解和识记的效率，课堂上便有足够的时间对学生进行阅读及听说能力的训练。这为学生能跨越性地学习英语提供了可行条件。

3. 网络可以提高学生的综合英语素质

网络体现了交互性和个别化两大特征。交互性有利于激发学生学习的兴趣，使学生产生强烈的学习欲望，从而形成学习的动机；网络所提供交互式教学环境，所谓交互性，就

是学习过程中学生不只是单纯的被动学习，而是可以参与到过程中去。传统的教学过程几乎是一切由教师主宰，从教学内容、教学策略、教学方法、教学步骤，甚至学生所做的练习都是教师事先安排好的，学生只是被动地参与。而在多媒体交互式教学活动中，对学生提出的问题能快速做出反应，对学生所提供的答案能做出逻辑判断并及时地向学生反馈信息。这种交互式学习模式，为学生主动参与提供了理想环境。个别化有利于学生依据自己的知识基础、认知水平和兴趣爱好选择学习内容，提高学习质量。

4. 网络可以提供及时反馈

在辅助英语教学的过程中，很多教师担心在"教师—学生—教材—媒体"组成的新型教学模式中，教师无法及时掌握学生的学习效果。实际上，传统的教学效果反馈形式周期长，评价不准确，而网络辅助教学，就可以极快、极好地解决反馈问题。

教师可以将考查题目设计在网络软件中，在需要得到反馈信息时，"授权"给网络上的每个学生；学生获得一定的"权限"后直接在网络中完成答题；教师可以通过"教师机广播系统"及时监视网上任何一位学生的答题进程和正确率，进而在全体学生完成试题瞬间，迅速掌握学生答题正确率、每个人的正确率、全班的正确率，从而完整、正确、及时地接收教学效果反馈信息。教师再根据不同情况，适时采取相应的教学对策，来弥补或再提高。

21 世纪是信息时代、知识经济时代，需要具有实践能力和创新能力的人才，而这就要求我们广大英语教师要更新观念，适应时代的发展，掌握现代教育技术，把信息技术与学科教学整合起来，优化英语课堂教学，充分利用网络辅助英语教学，拓宽学生学习英语的渠道，激发学生的学习兴趣和学习动机，培养学生自主探究学习的能力，掌握英语学习的有效方法，全面提高学生综合英语素质。

（二）网络环境下英语阅读教学的优越性

1. 网络英语阅读教学具有广泛性

网上资源包罗万象，从内容上来看有文化、体育、保健、娱乐、历史、地理、生物、科技、环保等多方面知识，在形式上则有新闻报道、报纸杂志、原版读物、图片图表、分析推理等等。内容涵盖了英语教材所涉及或是学生所关心的话题，且可以从多种角度激发学生的阅读兴趣。例如订阅网上英语杂志。网上英语杂志是网上热心者创办的面向英语学习者的免费杂志，其特点是可以通过电子邮件软件下载后阅读，不但方便且节省大量上网的时间，因此我们向学生提供了一些主要的英文报纸和杂志的网址。学生课外时间可以任意选读，反复访问，不受时间和地域限制。利用网络资源的广泛性，一方面保证学生的阅读量，另一方面满足学生阅读各种题材和体裁文章的需要。同时，通过大量阅读使学生的词汇量大幅度增加，从而达到甚至超过新课程标准对学生阅读能力和词汇量的要求，使学生的阅读速度显著提高。

2. 网络英语阅读教学具有即时性

利用网络信息的即时性，使学生关注的热点和阅读材料同步，提高学生参与阅读训练的热情，使学生爱读，会读。由于客观条件的限制，教材中阅读材料往往陈旧、过时，而网络上不断更新的动态数据可以为学生提供最新的相关资料。

学习到"贝多芬"时，可以上美国乡村音乐史，寻找音乐发展的历史轨迹。这些形式符合学生的生理和心理特点，可以使学生真正领会到通过阅读了解问题的乐趣。

3. 网络英语阅读教学具有真实性

利用网络信息的真实性，有助于提高学生实际运用语言的能力。我们所处的 21 世纪要求学校培养实用型、复合性、国际融通型人才，而作为外语教师理应在课堂内外培养学生的阅读兴趣，使学生能自觉、愉快地进行大量、广泛和快速的阅读。题材包罗万象的网上英语报刊为师生选择阅读内容提供了广阔的空间。例如，教师可以先选好适合的材料，然后按提示从相应网站下载其资料，再组织做对应的练习。让学生快速看两遍后，要求他们做缺词填空或正误判断练习；读第三遍后，要求他们补全核实先前所做练习；还可以组织学生开展针对性的问题回答等等小组活动。

第二节　英语阅读教学与翻转课堂的创设思考

一、英语阅读翻转课堂教学设计

（一）翻转课堂实施的可行性

随着信息网络的发展和电子设备的普及，翻转课堂的实施在软硬件资源方面都已初具规模，已具备进行英语教学的基本条件。首先，各个学校里都已基本覆盖校园网络，不少学校还推广了校园无线网络，学生可以随时随地上网学习、查询资料或相互交流。其次，学生已充分掌握电子设备的应用，可以利用智能手机、计算机等进行学习和交流。最后，许多学校针对不同的课程设有网络教学平台，为学生提供了系统的集视、听、说、读、写、练为一体的综合学习系统。另外各种手机软件也提供了类似的功能，本研究所使用的教学平台是一种手机应用软件蓝墨云班课，通过该软件，教师可以组建班级，然后在班级内上传微课视频、课件、学习资料等，学生可以在自己的手机客户端上查看这些资源。此外，本软件还具有点名、提问、小组讨论、考试、调查问卷、答疑等功能。该软件为翻转课堂的实施提供了最佳的网络平台。

（二）英语阅读翻转课堂设计

翻转课堂教学改变了传统的教学方式，因此，在课堂设计上，翻转课堂模式要有所不同。这里将翻转课堂模式应用于英语阅读教学，并结合课程特点将教学分为课前、课中和课后三部分，具体实施过程如下。

1. 课前教学设计

翻转课堂教学模式将课堂上讲解的内容以视频的方式让学生自主学习观看，而把与知识内化有关的活动放在课上来完成。因此课前的教学视频是翻转课堂的重要组成部分，缺少高质量的微课视频就无法保证翻转课堂的教学效果。在录制微课视频时，要做到系统化、功能化和精品化。以英语阅读教学为例，微课专题可以围绕阅读技巧展开，包括词汇层面的阅读技巧，如猜测生词、使用词典、分辨近义词与反义词等；篇章层面的阅读技巧，如扫读、跳读、寻找主题句等；内容层面的阅读技巧，如理解作者立场、区分事实与观点、推论等。教师根据每一个阅读技巧的重要程度和难易度，制作一个或多个微课，最后形成系统化的教学视频。同时，在制作微课时，教师要充分考虑到微课学习目标，强化微课的功能性。教师在录制微课时，不仅是单纯地讲授知识，还要有导学设计、单元总结、任务布置等，使学生在观看视频时有针对性，并能引发学生的思考。在微课的时长和内容上，要做到精品化，每个微课的时间应控制在 20 分钟以内，微课内容要精练，重点突出。微课的表现形式要生动多样，能够吸引学生的注意力，激发学生的学习兴趣，除了教师口授、板书外应配有相关的图片、视频、动画等。

微课视频除了包含阅读技巧外，还应包含相关的词汇扩展和讲解。生词是学生在阅读中的最大障碍，教师应给学生提供与单元主题相关的词汇，扩大学生的词汇量，这样有助于学生更好地理解文章，并掌握单词的运用。

课前除了让学生观看微课视频外，教师还应为学生补充英语阅读资料，因为教材上的阅读文章远远不能满足学生所需要的阅读量，另外教材上的内容大多已过时，无法激发学生的阅读积极性和学习兴趣。教师在选取阅读资料时要适合学生的英语水平，另外还要与时俱进，并具有趣味性。材料的长度上要长短结合，长篇的文章适用于课后泛读，扩展词汇；短篇的文章适用于课堂上做深入阅读，练习阅读技巧。

2. 课中教学设计

（1）微课学习效果检验。

教师首先通过预先布置的问题来检验学生课前微课的效果，可以先让学生以小组的形式一起讨论，然后每组选取代表进行发言，如对某一个阅读技巧进行讲解，或者对布置的阅读文章进行复述。教师可以根据小组发言的内容了解学生对问题的理解程度，然后给予相应的指导，并通过最后总结强调知识要点，重复学习内容。

（2）单词巩固练习。

在课前学生通过视频已基本了解本单元所要掌握的词汇，在课堂上，教师应设计各种活动来巩固这些词汇，如猜词游戏、填空练习、词汇头脑风暴等。设计的活动应具有实用性、趣味性、重复性，使学生在轻松的氛围中通过重复练习达到巩固的目的。

（3）深度阅读。

词汇层面是阅读的第一层次，即读者通过对英语词汇的理解和句子结构的正确辨析，理解文章的基本信息。而阅读的目的是要达到更高的层次，即通过对文章相关信息的搜集、分析和反馈，理解语篇意义和提高阅读技能，要达到这个层次，学生必须在课堂上进行深度阅读，认真分析讨论。教师组织学生集体进行深度阅读，在读完既定内容后，教师可以让学生找出主题句、重要的细节或人物之间的关系等，并要求学生对阅读内容进行评论和分析。在学生理解了文章的含义和主题后，教师应通过大量的练习来巩固学生对阅读技巧的理解和掌握。

（4）师生互动。

在这一阶段，学生可以就在课前自学中遇到的疑惑向老师发问，老师在讲解的过程中完成了知识的传授，这其实相当于传统课堂中的知识讲解，只不过在翻转课堂上，这种讲解更具有针对性，学生更具有主动性，因此学习的效果会更好。学生在老师讲解的过程中还可以进一步提出问题，这种师生互动能够强化学生对知识的理解和内化。

3. 课后教学设计

在完成课堂学习之后，为了巩固和深化所学内容，教师应安排学习任务，如布置泛读文章、阅读技巧练习等。让学生以各种形式把所学内容展示出来，如根据布置的文章内容制作幻灯片、录制视频、创作短剧等，并把成果上传至网络平台，以供学生互相学习，相互评价，通过探究学习，可以使学生巩固所学知识，提高学生的英语应用能力。此外教师应充分利用网络平台的交互功能，与学生形成较好的交流渠道，随时解决学生在学习过程中遇到的问题，并对学生的学习成果进行指导和评价。通过及时地反馈与沟通，进一步深化和巩固所学内容。

传统的英语阅读教学侧重于语言和语法知识的讲授，而忽视了阅读能力的培养。再加上传统的阅读教学仅限于课堂上，教师无法在有限的时间内完成词汇、语篇意义、阅读技巧等一系列内容的讲授，而往往只是片面地注重某一方面。而翻转课堂实现了教与学的延伸，将学习时间从课上扩展到课外，将原有的课堂内容放到课前学生自学，而课堂上学生在教师的指导下进行强化练习，课后进行巩固和延伸阅读，这样既保证了充分的学习时间，又调动了学生的学习积极性，培养学生的自主学习能力，并逐渐形成良好的阅读习惯，从而实现学生阅读能力的提升。

二、建构主义的英语阅读翻转课堂教学模式

基于建构主义学习理论，借鉴现有翻转课堂教学模型，结合目前英语阅读教学现状，本书建构了课前自主阅读、课中知识内化、课后拓展阅读的英语阅读翻转课堂教学模式。

（一）课前知识传递阶段

在进行课堂教学之前，教师先将教学内容放在网络交流平台供学生自主学习。这一过程是完成知识输入的过程，主要是为下一阶段的阅读训练做准备，如语言方面以及其他相关知识方面的准备等。

1. 观看教学视频。

在翻转课堂教学中，学生通过观看教师放在网络平台上的教学视频来实现知识的传递。教师根据对教学目标、教学内容以及教学对象的分析，选择合适的阅读教学内容，制作成教学视频，上传至网盘中，再利用二维码生成工具将其链接转换成二维码，以便学生通过移动终端随时下载学习。这一环节需要考虑以下几点：第一，教学视频不宜过长，而且最好侧重某一具体的知识点，避免学习任务过多过杂。视频时长最多不超过 15 分钟，视频个数可以根据讲解内容的多少而定。第二，视频中和阅读课程相关的知识难度要适中，要符合"最近发展区理论"，过于简单和过难的知识都不能有效促进学生在已有知识框架的基础上建构新的知识结构。相关材料应主要取自教材和互联网，兼顾语言形式的多样性和语言内容的真实性。第三，教学视频要有趣味性，有利于激发学生的兴趣，促进学生积极思考，对新课的学习充满期望。

课前教学视频的内容主要包括短文中的重点词汇、短语、句子、短文的主题思想以及阅读的策略等。学生通过视频进行自主阅读学习的步骤为：先学习短文中重要的单词、短语和句子以便扫清阅读障碍，接着，厘清短文的脉络，了解短文的大意和主题思想，然后了解和掌握相关的阅读策略。学生不仅要学会略读、跳读、扫读等阅读技巧，还要学会寻找关键句，通过关键句弄清作者的立场或者主要观点。所选的这篇文章难度适中，设计的

阅读训练任务也是学生能够完成的，学生可以通过边学、边练和边悟的方法，实现对相关教学内容的初步掌握。

2. 完成课前学习任务。

学生在自主观看完视频后，还要完成教师根据阅读目标和阅读内容所设计的课前练习，并把完成练习的情况以及练习答案通过微信发给教师，以便教师了解学生对视频内容的理解和掌握情况，从而做出相应的课堂设计，为促进学生的知识内化做准备。教师在制定课前任务时，同样要以"最近发展区理论"为指导，考虑学生已有的知识网络，合理设计任务的难度和数量。英语阅读课每个单元都有相对独立的主题，教师可据此设计教学视频内容，布置练习，安排需要学生提前了解的背景知识和文化信息等。

另外，学生在观看教学视频时，还要对视频中的内容和要求进行整理和分析，记下视频中的重点和难点。如果有不理解的问题，可以通过社交媒体软件如微信群或 QQ 群进行交流和探讨，也可以将问题带到课堂上和同学进行讨论，或者请老师帮助解答。学生通过这个过程进一步理解和掌握学习的内容，逐步完成对知识的内化。

自主学习课前视频并完成课前学习任务是一个个性化的学习过程。它没有限定课前学习的时间和地点，学生可以根据自己的实际情况加快或者重复部分内容的学习，同时还可以在网络交流平台上与教师和同学进行交流，及时反馈学习情况。这有助于学生个人潜能的发挥，培养学生"学习是自己的事业"的意识，使学生获得成功的体验和满足感。对于水平较差、平常难以跟上课堂进度的同学来说，这一课前学习过程是弥补知识能力不足、提高阅读效果并逐步增加自信和兴趣的重要途径。

（二）课中知识内化阶段

翻转课堂最大的特点就在于将传统的学习过程翻转过来，将知识传授过程置于课前，学生在课前进行自主学习，教师则可以充分利用课堂上的时间来组织课堂活动，帮助学生进行深度阅读，进一步实现知识的内化，最大限度地提高教学效率和效果。

1. 衔接课前学习，深层次研读阅读材料，讲授相关知识和阅读策略。

阅读本身是一个极其复杂的心理和智力过程，语言符号只是给读者指明理解的方向，引导读者通过原有的知识来判断和重建新的知识信息。虽然通过课前视频的学习学生对教学内容已经有所了解，但不少学生的理解仍停留在初级层次，而阅读的目的是要达到高级的评断层次，即包含多项信息的收集和反馈活动，其中相关信息的收集、评论、分析和辨错占主导地位。要达到这个层次，学生还必须要在课堂上进行深度的阅读和互动讨论。本研究对这一阶段的教学步骤为：①快速测评学生课前的学习效果，确定存在的问题。课堂的前 15 分钟主要是检测学生课前自主学习的情况并根据存在的问题进行解释或补充，帮助学生进一步理解阅读内容，掌握相关知识，例如，对长、难句以及相关修辞格的理解和应用等。对于学生的问题和疑惑，教师在课堂上采用师—生互动或生—生互动的方式进行处理，以加深学生对这些问题的认识。这里使用的教学方法包括提问、讲授和讨论等。例如，通过提问要求学生说出短文的主题思想并结合个人的经历来评论文中信息，之后根据学生的回答情况进行评分。对学生提出的涉及反讽和暗喻的共性问题则通过小组讨论、教师总结的方法加以解决。②创设情境，提高阅读理解效果。教师利用多媒体通过音频或视频播放音乐、新闻等内容来创建情境模式，让学生通过了解背景知识来加深其对阅读材料的理解。情境的设置能进一步提高学生的兴趣，增强学生的阅读动机和阅读期待感，激发学生大脑进入到积极主动的知识建构过程当中。③进一步讲解词汇，讨论和训练阅读策略和方法。词汇是影响阅读理解的一个重要因素，因此，扫清词汇障碍是提高阅读理解效果的首要条件。在课前，学生通过视频已基本了解了教学任务中所要掌握的词汇，但不一定了解得准确和全面。教师在课堂上可以进一步讲解这些词汇的意义和用法，然后通过各种活动来帮助学生巩固这些词汇，如猜词游戏、填空练习等。这一环节其实相当于传统课堂中的语言知识讲解，只不过在翻转课堂上，这种讲解更具针对性，学生的学习更具目的性和主动性，因此学习的效果会更好。此外，要提高阅读效率，增强阅读效果，还必须要有适当的阅读策略和有效的阅读方法。为帮助学生进行深度阅读，教师可以和学生一起进行语篇分析，帮助学生掌握语篇结构，了解语篇各部分之间的逻辑关系。例如，教师可以让学生找出语篇中的逻辑连接词，然后通过讨论来了解这些词对整个语篇建构的作用，以及它们对于阅读理解的意义所在。教师还可以采用设计问题的形式让学生通过讨论来弄清文章的主题、结构和意义。这些活动都要在课堂上完成，以便教师和学生都能得到及时反馈。例如，教师分别在阅读前和阅读后设置问题，这些问题要涉及理解、应用、分析和评论等方面，有助于学生在阅读时分清主次，抓住重点，加深对相关知识的理解和掌握，提高阅读的效率和效果。

2. 开展拓展性讨论，促进知识内化。

建构主义认为，教师不应是知识的传递者，而应是课堂活动的组织者和协调者。翻转课堂模式下，教师在课堂上的主要任务不再是讲授知识，而是要通过精心设计的教学活动来帮助学生完成知识的内化，这才是翻转课堂的关键。就英语阅读翻转课堂来说，教师可以针对阅读中的一些重点段落，让学生在课堂上通过小组合作的方式进行深入讨论和分析，开展探究式学习。这种方法不仅能够培养学生通过互助协作解决问题的精神，还可以相互借鉴，共同提高。在拓展讨论、知识内化这个阶段，教师作为课堂讨论的参与者也要参与到学生的讨论中来，这不仅有助于拓展学生的思路，加深学生对阅读材料的理解，也有利于激发学生的智慧，促进学生知识的内化和建构。

（三）课后拓展阅读阶段

课后拓展阅读一方面弥补了学生在课堂内学习的不足，另一方面也是对课堂内所学知识的巩固和延伸，能够促进学生综合语言能力的提高。

1. 拓展阅读训练。

教师可以根据学生课前学习的内容以及课中开展的内化活动，结合学生的实际水平，围绕阅读主题，利用互联网或课外阅读书籍等资源，设计相关的拓展阅读任务，以进一步增加学生阅读的深度和广度。对于旨在促进学习者语言发展的泛读，学习者需掌握文本中98%的词汇，即文本生词密度应为2%，只有这样才能实现真正意义上的泛读。这就要求教师必须选择合适的课后阅读文本，在必要的情况下，教师还需要对选取的文本进行改写，以减少生词量，让学生在英语阅读方面有成就感，逐步把英语阅读当成一种乐趣，从而最终成为高效的英语阅读者。课后的拓展阅读任务可以分模块来设计，主要包括语言知识、背景信息、篇章结构和开放类问题模块。教师可以根据单元主题、背景信息以及学生的阅读能力来选择课后阅读材料。

2. 总结和评价。

及时的总结和评价既有助于保障教学流程的顺利完成，也可以检验教学的效果和质量。因此，教师课后要对学生的学习情况进行总结并及时把意见或建议反馈给学生，指出学生在阅读技巧和语言知识等方面存在的问题，提出改进建议。教师应充分利用网络平台，保持与学生的沟通和交流，及时解决学生在学习过程中遇到的问题，对学生的学习给予指导和评价，使学生进一步巩固和深化所学内容。翻转阅读课堂的评价是多维度的，主要包括四个方面：一是学生自我评价。在完成一个单元的学习后，学生要对自己的学习过程加以总结和反思，检查其在课前、课中、课后三个过程中学习任务的完成情况。二是学生互评。教师组织学生就学习任务的完成情况开展小组互评，促进学生在相互学习中不断进步。三是师生互评。教师要指出学生在学习中的问题和不足并提出改进建议。同时，学生也要对教师进行评价，评价内容包括教师对课前任务的布置、课堂的把控以及教学的组织等。四是教师自我评价。评价内容包括对课前、课中、课后三个教学过程的设计是否合理，是否完成了教学目标，学生的阅读能力是否得到全面提升等方面。教师通过对这些方面的评价和反思，改进和完善以后的阅读教学设计。

翻转课堂教学模式的发展是一个由点到面的过程，起初只是一些教师为解决师生之间由于时间、地点等因素限制所造成的教学困难，在小范围内开展的教学探索。近年来，随着信息网络技术的发展和普及，翻转课堂越来越多地被应用到各个阶段的课程教学中，受到全球教育者的广泛关注，掀起了课堂教学改革的新浪潮。从某种意义上说，翻转课堂创造了一种新型的教学模式，它从根本上颠倒了传统教学的知识传递和知识内化两个阶段，是对传统教学模式的"破坏式革新"，具有传统教学模式无法比拟的独特优势。这里借鉴多位学者的翻转课堂教学模型，以建构主义理论为指导，将翻转课堂教学模式应用到英语阅读教学中，建构了更为完整和系统的翻转课堂教学模式，即包括课前、课中和课后三个过程的英语阅读翻转课堂教学模式，并对这种教学模式在英语阅读课教学中的具体应用进行了实证研究。研究表明，该教学模式能够促进英语阅读教学从以教师为中心转向以学生为中心，丰富学生的阅读技巧，有效提高学生的阅读能力。这种教学模式将原有的课堂内容以微视频的形式放到课前，让学生进行自主掌控学习，课堂上学生在教师的指导下进行集中化的互动学习，课后学生再进一步地开展巩固和延伸阅读。学生可以利用计算机、手机、平板等移动终端按照自己的需求随时随地进行学习，并在学习中方便地开展互动。这样既能充分保证学生的学习时间，发挥学生学习的主动性和创造性，又能满足学生个性化的学习需求，符合信息化时代教育发展的要求。

英语阅读翻转课堂教学模式有助于培养学生的自主学习能力，使其逐渐形成良好的阅读习惯，从而提升他们的阅读能力。这种模式实现了现代信息技术与英语课程教学的深层次结合，优化了英语阅读教学，转变了英语教学的理念，能够有效推动英语阅读教学的改革和发展。但与此同时，这种教学模式也对教师和学生的综合能力以及相关的教学环境提出了挑战，如教师对现代信息技术的应用能力、课堂教学的组织能力，学生的自主学习能力、协作学习意识以及学校的信息化支撑环境等。因此，在实施英语阅读翻转课堂教学模式时，还需要进行综合性的考虑和设计。

三、翻转课堂在英语阅读教学的应用

（一）翻转课堂在英语阅读课堂的应用

在我们的阅读教学中要有意关注和克服影响学生英语阅读的这些障碍。教师所做的教学活动就是让学生通过翻转课堂在阅读过程中实践"自主学习，主动阅读，享受阅读"。翻转课堂就是教师创建视频，学生在家中或课外观看和学习教学视频等资源，回到课堂上师生面对面交流，一起完成作业答疑、协作探讨等活动的一种新型教学形态。那么，如何具体实现呢？

1. 教师制作视频，教授学生正确的阅读步骤

教师利用先进的信息技术和网络资源做出长度约为 10 分钟的教学视频，讲解正确的阅读步骤。学生第一遍快速阅读全文，厘清文章脉络，了解全文的大意，明确文章的主题思想。学生要学会略读 skimming，侧重题目、标题、首段和末段、首句与末句的联系学生快速阅读论述性文章时，要去找关键句，而对于关键句很少直接出现的叙事或描述性文章，让学生去找信号词 signal words，如 then、first、that day、when 能指示时间的单词、短语或句子。引导学生在快速阅读中完成分段的任务来厘清文章的结构。学生第二遍仔细阅读文章，引导学生对文章的难点进行各个击破，包括语言点的掌握，文化背景的了解及写作技巧如文章组织等技能的学习。

2. 教师设计课前问题引导、课后问题检查

为了加强视频学习的效果，教师可以结合课后问题，给学生预设目标，设计课前问题引导他们在仔细阅读时查找与主题相关的事实和信息。针对前一步骤学生找到的 signal words、key sentences 进行分析，理解文章的篇章结构。对于精读课文，只了解文章的结构和大意是不够的，要更透彻地掌握文章，我们还要完善和巩固语言基础训练，语言点的处理仍是阅读教学的中心环节。教师可以结合学生在细读中圈出的难点词、词组和句子，以及课后的语言点的练习，进行实用的、有主次的讲解。教师在讲解时应注重精讲多练。教师应该鼓励学生学习使用新词，根据文章中的用法进行选词、造句、改错、翻译等形式多样的练习巩固。

3. 选取英文报刊的文章

教师必须不断学习，充实知识，大量阅读，选取最典型、最切合实际的教学材料，以此来提高学生学习的积极性，如 *China Daily*、*News Weekly* 等，都比较适合非英语专业学生阅读。有些报刊的栏目还专门讨论学生感兴趣的话题，较难和比较重要的单词都配有注释，学生可以在注释的帮助下阅读文章。报刊上所报道的新闻或者讨论的话题都是当下的热点，学生有兴趣也愿意通过英文报刊来获得信息，无形中提高了自己的阅读能力。教师可以从每周英语课中抽出 1~2 节课作为报刊阅读课，设计相关问题，创设互动的教学环境，让学生用英语表达自己的观点和看法，发展求异思维。教师布置阅读任务，要求学生根据不同体裁的文章按阅读任务的要求搜集相关信息，同时，写出 summary 或 comment。

通过翻转课堂这种新型模式的教学，教师的引导和阅读材料的选取，激发学生的阅读兴趣，在阅读过程中实践"自主学习"，培养阅读技巧，使学生把重点放在文章大意、中心要点的理解和把握上，而不是把重点放在某个单词、句子和语法上面。通过这样的教学模式，使学生明确英语文章真实的阅读目的，提高学生的英语阅读能力。

（二）翻转课堂模式在英语阅读课上应用的特点

1. 创设以学生为中心的课堂

在翻转课堂模式中，阅读课不再是教师讲，学生听，学生对阅读资料的理解不再只建立在教师的解释和理解上。教师推动课堂活动顺利进行，但他们不能直接帮助学生解决问题，而是引导他们独立解决。一堂课成功与否取决于学生自己，他们要依靠自己形成观点，并把观点与同学分享。学生积极主动参与课堂活动，围绕学习任务不断交流讨论和分析，最终对阅读的内容有深刻领悟和理解。学生是课堂的主角。

2. 充分利用教师与学生面对面的时间，并注重高层思维能力培养

阅读需要主动性，虽然在课前教师布置学生观看视频，阅读文章，但是很多学生承认没有看完布置的内容，也有学生承认会利用网络资源帮助自己阅读并完成任务。而确保学生能完成阅读是理解文章和进行分析的基础，所以利用课堂时间阅读非常必要，这也是"翻转课堂"模式在阅读课应用的重点。很多学生也要求允许他们在课堂上阅读加深理解或者由教师读给他们听。

一旦上课模式发生翻转，学生利用上课时间深度阅读，教师就有必要设计一些课堂活动提高学生的高层思维能力，即通过分析、综合、概括、抽象、比较、具体化和系统化等一系列过程对感性材料进行加工并转化为理性认识以及解决问题。思维能力是学习能力的核心，与提高思维能力有关的活动有创造、推理、评价和分析等。

（三）对翻转课堂模式在英语阅读教学中应用的反思

1. 翻转课堂模式在某种程度上增加了师生负担

为了将翻转课堂模式应用到阅读上，教师要在课前选好难度适中、能激发阅读兴趣的材料并制作视频供学生课前学习。课堂上要解答学生疑惑并给予指导，还要组织和设计各种能让学生积极参与的活动。课后要了解学习状况以及学习效果。这些无疑对教师的时间、精力以及能力都是巨大的挑战。而学生也要有极强的自主学习能力才能适应这种模式，加上要占用他们大量的课余时间来学习，有些学生会认为这种模式是他们额外的负担。

2. 翻转课堂模式在英语阅读教学中应用时不能只重视课内阅读而忽视课外阅读

翻转课堂模式在英语阅读教学中应用的关键是让学生在课堂上深度阅读，但是课堂上阅读时间和阅读量都是有限的，要想提高学生阅读能力，课后大量阅读也相当重要，大量阅读既可以为学生打下扎实的语言基础，培养语感，也有利于他们了解各领域的知识，并

且学生的自主学习能力能得到提升。因此，课外阅读不容忽视。

3. 翻转课堂模式在应用时应注意鼓励学生积极参与课堂活动

大部分学生已经习惯了在课堂上教师"满堂灌"的模式，已经习惯了被动学习，因此要学生积极参与课堂活动应该采取一些措施。例如，将学生的课堂表现纳入课程总成绩的评定等。

四、基于翻转课堂的英语阅读教学——动态系统理论视角

（一）翻转课堂在英语中提出的优势

翻转课堂的本质是教师重新分配和调整了课堂内外的时间和流程，将学习的主动权交还给学生，学生可以根据他们自己的实际情况自由的安排学习时间和节奏。翻转课堂模式颠覆了原来的教学顺序、转变了师生角色，加强了师生和生生之间的合作交流。与传统的教学模式相比，在英语阅读教学中采用翻转课堂模式具有以下优势。

1. 提高课堂效率，拟补课时不足

在传统教学中，受课时限制，教师一般都采用填鸭式教学，学生只能被动地接受知识，难以内化吸收。在翻转课堂模式下，学生在课前通过观看视频、阅读课文、查阅资料和回答问题等学习活动对所学内容有了初步的了解和掌握，在课堂上则通过复习答疑、小组讨论、成果展示和扩展阅读来完成对知识的内化。翻转课堂改变了教学顺序，使知识的传授在课前完成，使教师在课堂上有充分的时间与学生进行互动，发现学生的问题并及时解决，大大提高了课堂效率。

2. 调动学生主动性，活跃课堂气氛

在传统教学模式下，教师为完成教学任务，与学生的互动有限。多数学生受英语水平限制加之没有预习，害怕老师提问，上课缺乏主动性。课堂上，教师对文章的分析和讲解，多数学生跟不上，不能做出回应，课堂气氛沉闷。翻转课堂打破了时空的限制，学生可以在自由的环境下观看视频和阅读文章，在回答问题和完成课前任务的过程中主动思考、发现问题，提出问题，由知识的被动接受者转变成主动学习者。在自主学习的过程中体验学习和阅读的乐趣。课前对书本内容已经有了初步的掌握，在课堂上学生就可以主动大胆地提出问题，与同学和老师进行讨论探究，这样大大活跃了课堂气氛，提高了课堂教学效果。

3. 尊重学生差异，做到因材施教

学生的英语水平有明显的层次性。在阅读教学中，基础好的学生阅读能力较强，阅读

速度快，对教师的分析讲解容易接受和理解，而基础相对差的学生，阅读文章的速度比较慢，对教师的分析和讲解很难理解。在传统教学中，教师很难做到面面俱到，双重兼顾，只能根据学生的总体水平和接受能力来确定知识的难易度和进度，这样就容易造成层次好的学生吃不饱而层次低的学生却难以消化的情况。而翻转课堂则能很好地解决这个问题，因为它将知识传授转移到课前。在课前观看视频进行自主学习时，学生可以根据自己的英语水平和接受能力确定学习进度，开展个性化学习。对于难懂的知识点，层次低的同学可以通过反复观看视频或找老师进行个别指导来完成对知识的消化理解。在翻转课堂模式下，教师更加尊重学生的差异性，可以兼顾不同英语水平的学生的需求因材施教。

（二）动态系统理论

动态系统理论（Dynamic Systems Theory，DST）也称为复杂论（Complexity）、混沌论（Chaos），非线性、自组织系统等。DST 认为动态系统中的主要性能随时间的改变而改变。DST 在应用语言学领域的研究始于 Larsen-Freema，她分三组讨论了语言这个复杂系统的十大特点：动态、复杂、非线性；混沌、不可预测、初始状态敏感；开放、自组织、反馈敏感和自适应（Larsen-Freeman）。而从复杂性来看语言，课堂具有四大特性：相互关联性、相互适应性、语言互动性以及教的过程是在管理学习的互动过程。

（三）动态理论视角下翻转课堂在英语阅读教学中的应用

既然现行的英语阅读教学模式存在很多弊端和问题，而翻转课堂又有着传统教学模式无法比拟的优势，本书根据翻转课堂的内涵和动态系统理论相关内容设计出了英语阅读教学的翻转课堂模式。该教学模式主要由创建课前学习内容和组织课堂教学活动两部分组成。

1. 创建课前学习内容

动态系统理论认为，环境对于学习者语言的发展变化起着至关重要的作用，学习者的外部语言输入环境会引起语言能力的改变。翻转课堂将课堂教学延伸到课外，将原本在课堂上讲授的课程内容，主要以微视频的形式，连同其他学习材料，提前传递给学生供他们观看和学习。学生在轻松的环境中自由安排阅读和学习，避免了在课堂上的焦虑，对学习材料更容易理解和接受，从而提高其阅读能力。

英语读写教材每一单元都有不同的主题，并配有与之相关的课文。教师在创建课前学习内容时要明确每一单元的教学目标，教学重点和难点。围绕单元主题，创建微课视频和收集资料。英语这门课程通常由几位教师共同承担完成，在创建课前学习内容时可以发挥教师的资源优势，合理分配任务，每一到两个单元由一位教师负责录制微课视频收集音视频、电子书和其他与主题相关的资料，然后共享。在设计和录制微课视频时，教师可以根据单元主题内容，录制关于背景知识、阅读技巧及文章结构等的微课视频。其次，在设计和录制微课视频时，考虑到不同教师和学生的差异，教师可以借助国家精品课程网和其他优质的开放教育资源，结合自己学生的特点设计个性化的教学视频材料，还要设计一些问题，帮助学生进一步理解视频内容。另外，控制好微课视频的录制时间，尽量做到短小精悍，让学生花最少的时间获取更多的信息。

课前学习内容创建好以后，教师要督促学生观看视频、开展课外阅读、查阅资料、进行自主学习。教师可以要求学生制定自己的学习计划和进度表并记录学习笔记及发现的问题。教师也可以利用 QQ 群、微信等网络手段对学生课前的学习给予指导和答疑，同时鼓励学生间的互助学习。通过外部环境和内部因素的共同作用来促进学生语言子系统的重组，提高其阅读能力。

2. 组织课堂教学活动

动态系统理论提出课堂教学本身具有相互适应的特征，交互作用会引发自组织，即学习者的相互交流，外部因素和内部因素的相互作用，可能会引起学习者语言子系统的重组。在翻转课堂模式下，教师主动调整了英语阅读课的授课顺序和模式，通过组织和设计各种活动和学生进行交流和互动，从而引起学生的语言系统的自组织，提高其英语阅读能力。这些活动包括复习答疑、小组讨论、成果展示和扩展阅读等。首先，教师对课前学习内容做简单的复习，用以加深对重点内容的理解，同时也可以检验学生课前的学习情况和对知识点的掌握程度，并就学生们在课前学习及课后习题里遇到的问题给予答疑。其次，教师将学生分成若干小组，课堂上就课文的主题思想、段落结构、细节描写及单元项目等内容展开小组讨论。通过讨论，加深了对文章内容的理解，提高了学生的阅读能力和合作能力。讨论结束后，教师要求每一组派一个代表到讲台前将他们的结果进行展示，由其他组进行打分，教师做最后的总结和评价。在完成课内教学内容的前提下，教师还可以在课堂上引领学生进行扩展阅读。扩展阅读的材料可以由教师选取，也可以让学生们以小组的形式提供，但尽量选取学生们感兴趣的热点文章或时事新闻等内容。扩展阅读作为泛读既可以丰富学生的词汇量也可以让学生在真实语料中感受英语作为一种语言工具的魅力，提高他们对英语学习的兴趣。

在组织课堂教学活动时，教师应该对学生在各个环节中的表现给予及时的反馈和评价并记录到课堂考核中。积极反馈促进进化向前，获得来自教师的外部反馈，学生通过内化和自我反馈最终可以提高其阅读能力，使英语语言系统由无序变为有序，从而达到一种动态的平衡。除了创建课前学习内容和组织课堂教学活动，教师还应该利用校园网络教学平台、QQ 群和微信群等网络资源加强与学生的互动和交流，对学生的阅读和学习给予指导和评价。

语言是复杂的动态系统，语言系统是不断自我重组的，自组织的语言系统会自动对外部环境进行自适应。传统的英语阅读教学存在很多弊端，翻转课堂将课堂从课内延伸到课外，使学生成为学习的主人翁和课堂的主角。当学生逐渐适应了这种"先学后教"的模式后，最终会提高其自主学习能力和阅读能力。翻转课堂加强了师生互动，活跃了课堂气氛，大大提高了阅读课堂教学的效率。

第三节　英语阅读教学与翻转课堂的创新应用

一、英语阅读教学翻转课堂的创设

在英语阅读教学中，要达到培养学生较强阅读能力这一教学目标，尝试了翻转课堂新型模式，在实践过程中也的确获得良好成效。不但激发了学生对英语阅读的自主积极性，也提高了学生的阅读素养，切实增强了学生的阅读能力。

在英语阅读教学中，其传统的教学模式是以语法翻译式教学为主，在课程中偏向单词与句型的讲解，并没有对学生个体学习潜能的激发与培养予以足够的重视。而翻转课堂新型教学模式为英语阅读教学提供了创新性的教学方法，也体现了英语教学的发展趋势之一。

（一）大数据时代下的翻转课堂概述

所谓翻转课堂模式，主要基于现代化信息技术，以网络技术为支撑，让教学活动与学习过程突破地点与时间的限制。这一教学模式强调学生作为教学的主体，注重培养其自主性学习的良好能力。若教师发布了课堂知识相关的课件视频等教学资源，学生能够灵活安排自己的时间去观看，自主地吸收知识，不再被动灌输知识。在翻转课堂教学中，教师有针对性地为学生进行答疑解惑，并且有目的地、有计划地组织小组讨论活动进行交流、互动与学习，促使学生更好地实现知识的内化，并激发学生的学习潜能，提高学生的自主创新能力、语言表达能力、思考辩论能力及沟通协作能力等。

（二）翻转课堂在英语课堂中的创设

1. 借助信息技术与网络资源制作阅读教学视频

制作阅读教学视频能够更直观地指导学生遵循正确的英语阅读步骤，其时长应该控制在 10~15min。正确的英语阅读步骤如下。

（1）快速阅读（略读）。

学生在第一遍阅读时采取快速阅读方式，厘清阅读材料的脉络，并了解整篇文章的大意，明确其主题思想。教师应该引导学生采用略读方法，有侧重性地厘清文章题目、标题、首句与末句、首段与末段之间的联系。比如在论述性的英语材料阅读中，学生快速略读后，可寻找关键句。又比如描述性、叙事性的文章，可寻找信号词，通常包括 then、when、first 等等一系列指示时间的英语单词，也可以是指示时间的短语，如 that day 等。在快速阅读中，教师引导其完成分段任务，从而厘清其整体结构。

（2）逐个击破文章难点。

通常在学生第二遍阅读英语文章时，教师应该引导其对英语文章中的难点进行逐个击破，可以掌握一些语言点，了解其中的一些文化背景，这有利于学生进一步了解文章的写作技巧，比如文章组织的技巧。学生不但可以击破阅读材料的难点，还能学习其中蕴含的技能，为其提高自身英语写作水平而打下基础。

2. 课前问题引导与课后问题检查的设计

要切实发挥教学视频的教与学效果，教师可根据课后问题而为学生制定预设的任务目标，进行课前问题的科学设计，引导其在阅读的过程中查找相关信息。在这个阶段，可以结合学生在略读时获取的信号词和关键句进行分析，进一步理解文章的结构。而要真正做到精读文章，还需要更加透彻地对这一文章进行掌握，巩固学生自身的语言基础训练，并在巩固中予以完善。在学生精读细读文章的过程中，教师可以引导其圈出其中的难点词、难点词组或者句子。

同时，教师可以结合学生课后语言点的相关练习而进行有主次性的讲解，坚持精讲多练的原则，鼓励其在学习过程中尽量使用新学习的词，可依据文章对新词的用法而进行多种形式的练习，包括新词的造句、翻译以及改错等等，在不断的练习中巩固新的知识，并内化新知识。在这个方面，教师应该加强师生的互动，及时为学生答疑解惑，并积极设计各种活动为学生提供更多的巩固练习方式，比如猜词游戏或者词汇头脑风暴等等。这些活动一般具备重复性，教师要切实加强这一环节的趣味性与实用性，使学生能处于轻松愉快的氛围进行重复练习，利于提高学习效率与质量。

（三）英语阅读教学翻转课堂的创设反思

教师要充分发挥这一模式的效用，就要在课前选用难度适宜且可激发学生阅读兴趣的英语材料。这要求教师自身要大量阅读以充实自身知识，从实际情况出发选取最典型的教学材料，比如 *News Weekly* 和 *China Daily* 等英文报刊比较符合非英语专业的学生进行阅读。教师要依据选取的阅读材料制作教学视频让学生在课前进行学习，也要在课堂中答疑解惑及时指导学生，并设计各种教学活动。同时，在课后也要全面了解学生的学习情况，这对教师的精力、时间与能力都带来了极大挑战。学生自身也要具备很强的自主学习能力才可以适应翻转课堂模式，甚至认为增加了额外的学习负担。

总而言之，翻转课堂模式具备了教学的基本条件，在英语教学中的运用具有可行性，教师可以进行科学的翻转课堂设计来为学生创设英语学习课堂。与此同时，也要注意这一模式存在的困境，依然要探索有效的解决途径，使得大学英语翻转课堂模式依然有很长的路要走。

二、"产出导入法"的翻转课堂与多模态英语阅读教学

融合"产出导入法"的翻转课堂在多模态英语阅读教学中以产出导向为教学目标，以翻转课堂为教学方式，注重学生语言输出和课堂参与，使师生更好地课堂互动，活跃课堂氛围，激发学生英语学习兴趣，提高英语阅读教学质量。这里从翻转课堂相关概念阐述入手，对融合"产出导入法"的翻转课堂在多模态英语阅读教学中的实证研究目的及研究方案深入分析，提出了改进多模态英语阅读教学的策略。

翻转课堂，就是打破传统的教学方法，提高学生在课堂上的主体地位，加强教师与学生在课堂上的互动过程。具体来说，翻转课堂主要是指教师创建教学视频资料，学生利用课外时间仔细观看视频中教师布置的教学内容，然后回到课堂，教师和学生进行面对面的交流，并完成关于问题内容的家庭作业的教学形式。将课堂作为一种新型的教学手段，是素质教育改革的有利体现，凸显了学生的主体地位。它加强了师生之间的互动和沟通，提高了学生的独立学习能力。

（一）融合"产出导入法"的翻转课堂在多模态英语阅读教学中的实证研究目的

与任务型教学法不同，在当前的"互联网+"教学环境中，融合"产出导入法"的翻转课堂多模态教学模式在很多科目教学中表现出明显的优势。英语教学改革是许多学校积极开展的创新教学改革，一般学校仍选择传统的任务型教学方法为目标，并没有将"产出

导入法"的思想融入其中，所以实际教学工作并没有体现出特点，学生课堂听课现象欠佳，动力不强，效率不高，课堂教学有效性有时候也得不到保证。为此，我们可以探索出新的教学改革方案，对传统实施的任务型教学法进行修改，在原有的基础上将传统的授课方式改为以产出为导向为教学目标，相应地以翻转课堂作为教师教学的基本方式，从而让教学的重心都放在学生的语言输出和课堂参与度上，让学生更好地参与课堂互动，营造活泼的课堂气氛。如果该教学改革工作能够成功，也就是说能够将"产出导入法"与翻转课堂教学模式融合到一起，那么必然可以为我国多模态英语阅读教学指明方向与道路，最终进一步提高我国学生的英语水平及应用能力。

知行合一、学用一体是当前国际化形式下，社会对学生的基本要求，也是学生能够为国家创造价值、创造财富的重要条件。教育的根本目的是为社会发展输送人才，而不是让学生成为一个个只会储存知识的"硬盘"。融合"产出导入法"的翻转课堂多模态英语阅读教学培养出的人才才能满足在经济全球化时代背景下，国家社会所需要的精通外语的国际人才，这必然也是学生自身就业发展的需要。而且，这种教学思想也有利于解决我国英语教学中"学与用分离"的"重伤"。随着输出引入方法的不断发展和优化，它逐渐从最初的"输出驱动假设"转变为具有创新教学理念，合理的教学假设和完善的教学程序的成熟系统。它更多的是以"学习中心""学习与融合""文化交流理论"和"关键能力理论"为教学理念。它包括四个教学假设："输出驱动""输入促进""选择学习"和"评估学习"。遵循"Drive-Enable-Evaluate"交互循环的教学过程。多模态英语阅读教学中"输入导向"翻转课堂的实验研究，这相当于英语教学的大胆尝试和挑战"权威"的方法。同时，它也为我们开辟了一个新的教学理念，对后续教学具有重要意义。我们所需要做的就是投入最小的成本检验将这种教学模式应用在英语阅读教学乃至整个英语教学改革创新中的可行性。

（二）融合"产出导入法"的翻转课堂在多模态英语阅读教学中的实证研究方案

为了保证实验过程的合理性、有效性和科学性，提高实验结果的可靠性，必须使整个实验过程遵循一些基本原则。比如，对于本校相同的专业，要选择那些英语水平基本一致的学生作为实验对象，从而保证原始条件相同。在此基础上，应采用不同的教学方法，即两届学生实施两种不同的教学方法。评估标准是学生通常的表现分数和英语考试各部分的定量统计。我们知道，英语考试考查的是学生英语综合素质，包括听力跳读能力、筛选信息的能力、精读能力、翻译能力以及写作能力等，而且随着英语与国际英语教学接轨，口语考试也成为其中的内容之一，只是学生可以选择考试或者不考试，属于一个独立的模块。为了保证所收集到的学生日常学习表现信息足够精确，有可信度，应该调查访问学生日常学习过程，并且还要求学生和老师写出反思日记，收集本课题组成员每次任务设计的讨论记录，做出访谈或问卷式的质性描述。

在市场经济体制下，社会对于学生英语水平要求越来越高，而且在对他们英语能力进行评价时，不再像过去那样单纯地看他们的英语成绩单或者一系列的证书。很多企业在招聘学生时会让学生现场用英语交流，从而更准确地评价学生应用英语的能力。因此，传统的应试教育英语教学模式显然无法满足学生未来的发展需求，同时也不能在就业过程中"模糊"。就业形势的变化对英语教学提出了新的要求，英语阅读教学必须顺应形势变化，做出相应改变。在现有的基础上融合"产出导入法"的翻转课堂在多模态英语阅读教学中非常有必要。学习借鉴是建构理论的前提和出发点。新理论的引入需要有针对性、创新性、可操作性和国际可理解性，而实践是测试理论的唯一标准。在教学实践之后，我们必须充分反映、合理阐释并正确评估实践的过程和结果。通过理论与实践互动，实现"优化理论、优化实践、优化阐释"三大目标。

（三）改进多模态英语阅读教学的策略

就像前面所阐述的那样，与任务型教学法相比，融合"产出导入法"的翻转课堂教学模式明显更适合当前社会发展以及学生未来发展的需要，因此，我们必须采取措施将这种教学模式恰当地应用到多模式英语阅读教学过程中，体现这种教学模式的优势，完善提高教学工作。

1. 遵循"产出导入法"的基本原则

"产出导入法"以知识输入与产出相平衡为学习的最终目的。传统的英语阅读教学一般都是以课堂灌输式教育为主，教师只注重一味地教授给学生知识，但是却没有考查学生对这些知识实际消化的程度，产生严重的"高导入、低产出"的教学现象，不仅给学生带来非常大的学习压力，同时还影响了学生学习的积极主动性，不利于课堂教学的有效性。因此从中可以看出，教师在实际教学过程中必须遵循输出导向的基本原则。即尊重学生课堂主体的地位，多关注学生实际学习情况，不要为了完成自己的教学任务而忽视学生对知识接受和应用能力的培养，否则必然会适得其反。学习过程必须有效，这样才能让学习的意义和价值体现出来。而如果学习沦为一种形式，那么学生就不可能有所收获，也不可能为他们未来发展做好基础。

2. 体现出翻转课堂教学优势

课堂互动对课堂教学的重要性不言而喻，特别是对于英语阅读教学，不同学生阅读同一文本的体会也有所不同，交流阅读心得必不可少。如果学生想要快速、准确地阅读英语资料，除了要有足够的英语词汇量以外，还要掌握切分句子的技巧，当然大量的阅读练习同样必不可少。在阅读中，学生会遇到各种各样的问题，例如在使用常用词来解释句子时，往往会翻译不通，在这个时候，学生不能蒙混过关，而是要及时寻求教师的帮助，通过一点一滴地积累来使自己的阅读经验更丰富，从而使自己的英语应用能力得到提高。因此，在教学过程中，要充分发挥课堂教学的优势，拉近师生之间的距离。

总之，我们要以新时代英语教学改革为契机，对之前实施的任务型教学法做出修改，将传统的授课方式改为以产出导向为教学目标、翻转课堂为教学方法，更加关注学生的语言输出能力和课堂参与度。

三、多模态视域下翻转课堂教学模式

随着科技的进步，新的教学技术也不断地冲击着传统教学模式。这里借助多模态理论，以英语阅读课为例，构建了以课上课下动态教学结构为核心、以开放性的教学环境为主体的多模态视域下的翻转课堂教学模式，并提出了运用该教学模式进行教学的一些建议。

飞速发展的网络信息技术影响着教育观念的转变，新的教学技术和理念也不断冲击着传统教学模式。翻转课堂的教学模式将传统课堂上的知识传授和知识内化进行翻转，学生在课下自主完成知识传授，并在课上讨论交流，协作完成知识内化，实现了"以学生为中心"的教学理念。同时，网络信息技术的推动使多模态理论也逐渐运用到教学中，并且多模态理论的特点与翻转课堂有很多契合点，因此，本书借助多模态理论，以多模态教学理念为核心，尝试构建多模态视域下的翻转课堂教学模式，促使学生提高自主学习能力。

（一）多模态

多模态思想最早产生于公元前 4 世纪的古典修辞学，这一思想使声音、手势和表达方式更有利于演讲的实际需要，直到 20 世纪 90 年代后才得以成型，并有了一定发展。关于模态的概念，模态定义为可以被具体的感知过程来解释的社会符号系统，即符号系统说，如图像符号、文字符号、手势、声音、味道、接触等。多模态即侧重于人的感官对外界事物的感知通道或信息表证的符号系统，当人获知信息的通道是单一的，就是单模态；同时包含两种或两种以上感知通道的就是双模态或多模态。

（二）结合多模态教学的翻转课堂

信息技术的发展促进了翻转课堂的发展，翻转课堂是在新的教学理念指导下所引发的教学实施的翻转。学生在课下通过网络进行自主学习，课上相互交流与讨论。在进行教学设计时，教师应充分考虑学生的差异性、个性化学习的需要，借助信息技术的支持，充分调动学生各种感官的参与，构建丰富多样的学习资源和学生交流合作的学习平台，调动学生学习的积极性。然而，现如今翻转课堂教学模式只注重教学内容和策略，忽视知识表征、知识呈现和知识获得方式有一定的关联，而这些恰恰是学生自主学习所需要的。我们需要关注学习资源、媒介工具的设计；关注学习活动和交互的设计。

多模态教学通过多模态手段可以为学生提供包括视频、文本、图片、音频等多种模态的课程资源，不仅可以满足不同性格学习者的需要，而且恰当的模态转换能增强知识内化，也可以建设蕴含多种模态的复合型资源供学生学习。就英语阅读课而言，学生在课下通过视频或PPT进行课前阅读预习，了解阅读主要内容和主题大意，并在课下自主学习句子语法和生单词，课上再进行师生互动、生生互动、小组互动的多模态交互方式，实施课堂报告，讨论协商等多模态教学策略，必要时可进行角色扮演、虚拟现实等活动，再加上多模态评价，足以促进学生对知识的建构和内化，达到培养实践能力和创新的目的。

（三）多模态教学模式的构建

以多模态理论为基础，结合前人对翻转课堂教学模式研究成果的借鉴和扬弃，本书旨在构建既能彰显翻转课堂的特点，又能优化传统课堂的新的教学模式，即多模态教学模式。这一新的教学模式包括教学结构、多模态手段两个方面。这里以英语阅读课为例，运用多模态教学模式从教学结构和多模态手段进行设计，希望通过新的教学模式提高学生的阅读积极性，能充分运用阅读技巧，提高阅读技能和效果。

教学结构的设计。根据翻转课堂的设计，教学结构分为课上和课下两个教学实施环节。（1）课下环节，学生通过自主学习，实现对新知识的感知和初步内化。此阶段，多模态教学主要通过多模态课程资源和多模态交流平台对学习者自主学习提供支持。教师可提前将学生要阅读的文章用文本加音频和图片的方式做成PPT或者视频，并将文章中的重难点句子标记出来进行讲解，并让学生思考。学生在课下通过视频进行自主学习的同时，还应借助网络及书籍资源了解阅读文章的背景，并做成笔记，并在阅读中学习认识新单词，以及将自己不懂的地方一并标记。（2）课上环节，学生课下的自主学习，只能完成对新知识的简单内化，学生无法独立完成的复杂问题需要在课堂上和教师、同学进行讨论，协作完成。从某种程度上来说，课上的集体讨论和交流才是翻转课堂真正的意义所在。学生在课上将自己在课下独立思考的问题和所做的笔记可以和同学们进行讨论和分享，不懂的地方再和教师一起讨论交流。这样的学习过程能在帮助学生完成学习任务的同时，培养学生的实践能力、创新意识和批判精神。

多模态手段设计。多模态手段的设计是多模态教学模式设计的重点。主要包括多模态课程资源、多模态互动、多模态学习环境和多模态评价等，我们应挖掘出各模态的潜能，使其相辅相成，和谐统一。

多模态课程资源。多模态课程资源是学生获取信息的主要来源，如文本、图像、图表、视频、音频等，它们能满足不同性向学习者的学习需求，而且多种模态的刺激有利于学习者对学习内容的关注和记忆。教学视频是学生课下学习的主要资源之一，教师在设计和制作课程内容时，可以将学生要阅读的文本、正确读音的录音、相关图片、音乐等信息全部录入，让学生的眼睛、耳朵、嘴巴在阅读时都受到刺激并运用起来，这样也有利于学生发音和生单词的学习。视频中最好能使用书写板输入板书，教师板书的录入能突出重难点，容易集中学习者的注意力。这样将多种模态集于一体的教学视频更能刺激学生的感官。

多模态互动。多模态互动包括多模态互动方式和多模态互动策略。多模态互动方式主要包括师生互动、生生互动、小组互动等；多模态策略主要包括角色转换、角色扮演、课堂报告、小组协商等。多模态互动主要体现在课上。教师也可以给学生提前分好组，学生在课下自主学习了教师制作的视频后，会带着问题和报告在课上呈现出来，学生在课上可以先展示一下各小组学习的情况，有哪些知识已经内化，哪些知识还需要讲解。课上学生可以进行小组讨论，或直接和教师交流互动。为了使每位同学都能积极参与到课堂活动中来，师生可以互换角色，由学生讲解同学们遇到的问题，并相互讨论交流；还可以进行角色扮演，教师可以鼓励同学们可以把阅读的内容通过故事讲解出来，也可以通过小情景剧表演出来，以此来调动学生的积极性和加深对所阅读内容的理解。

多模态评价。多模态评价可分为形成性评价和终结性评价，是对学生学习表现和学习结果进行评价。形成性评价是对课上学生的参与度、学习表现、学习态度进行评价；终结性评价主要是对学习结果的评价，如卷面测试、期末论文等的评价。多模态评价就是评价的方式多模态和评价的手段多模态。评价方式有小组评价、教师评价和个人评价；评价手段有纸质测评、课上表现、课堂报告、作品展览等。相对传统单一的教师评价和纸质测评等方式和手段，多模态测评更公平和谐，也更利于课程创新的开展和学生学习积极性的提高。

多模态思想很好的契合了翻转课堂的特点，将教与学颠倒过来，把学生学习的参与过程放在核心地位。多模态教学借助多媒体、网络技术等为学生提供了多种获取信息、感知信息和传递信息的渠道，为学生的学习提供了更多的可能性。本书结合多模态教学模式以英语阅读课为例研究，旨在帮助学生通过多模态进行课下自主学习，调动学生学习的积极性，并注重课上师生之间的交流讨论，丰富课堂学习手段。但教师在设计制作课程时应尽可能地满足不同学生的需求，挖掘资源与环境潜能，切实促进每一位学生的发展；课上互动交流环节的实施是重中之重，教师应利用好面对面交流，发挥各种模态的优势，助推学习者对知识的理解和内化；其次还要为学生创造合适的多模态学习环境，构建平等和谐的人际关系，形成积极向上的共同体；多模态评价也要贯穿整个翻转课堂的始终，使学生的学习更具自觉性和目的性。

四、在线翻转课堂教学模式下的英语阅读教学

随着我国信息技术的蓬勃发展，其在教育领域中的应用也更加广泛，各种以信息技术为支撑的新型教学模式不断涌现，例如慕课、翻转课堂以及微课等，受到了广大师生的欢迎与认可。本节主要针对在线翻转课堂教学模式下的英语阅读教学进行分析和探究，希望给予相关教育工作者些许参考和借鉴。

以信息技术为支撑的慕课快速在教育领域盛行，受到了教育界和社会公众的高度关注，在慕课平台上，任何人都能够找到自己需要的课程，当前，注册慕课平台的用户人数大量增加，但是完成学习并且获得证书的人却较少，缺少监管成为慕课平台的最主要缺点。在此背景下，一种更为便捷和精致的在线课程得到了学生的认可和关注，在线翻转课堂作为线上和线下结合的教学模式，其可以为学生提供学习资源，促使学生利用课余时间完成自主预习，便于教师在课堂中开展针对性教学，进而提升教学效率和质量。

（一）在线翻转课堂应用于英语阅读教学中的必要性

当前，随着智能手机和移动网络的全面普及，学生吸取知识和信息的渠道呈现多元化微课、轻课、慕课等以信息技术为支撑的新型教学模式开始在社会范围内盛行，为了满足当代学生的英语学习诉求，教师需要在英语阅读教学中引入在线翻转课堂，颠覆传统的阅读教学模式，实现学生英语素质和综合能力的全面发展。

（二）在线翻转课堂在英语阅读教学中的具体应用

创建学习平台。想要激发学生对英语阅读的热情和积极性，教师需要突出阅读文本的趣味性和价值性，因此，教师在应用在线翻转课堂模式之前，需要结合学生阅读需要，通过有效的技术手段制作具有较强趣味性和知识性的学习资源，并且将资源分享给学生，创建学习平台。首先，教师在制作视频中，需要综合考虑学生的英语阅读水平和兴趣爱好，视频内容不仅要涵盖文本知识点，还要加强知识点和视频主题的联系；其次，教师在完成学习资源制作后，需要将其分享到网络平台中，为学生开展线上学习提供便利；最后，教师要按照构建主义理论，将学生的自学活动和阅读教学充分结合，为学生开展自主学习提

供支撑。

学生在线学习。在线学习是学生在阅读教学开始之前的自学阶段，其分为拓展知识和基础知识两个模块，其内容包括拓展资源、单元测验、单元练习以及视频课件，视频课件是学生自学的重要载体，视频时间保证在 8~12 分钟，明确教学内容、精化教学内容，学生通过线上学习可以对英语阅读的内容形成感性和直观认识，学生是学习的主导者，有助于激发学生对英语阅读的兴趣，提升课堂教学效率和学习效果。

课堂师生互动。学生在课前通过在线学习已经对阅读内容形成了直观认识，并且通过单元测验和单元练习发现自身存在的缺陷和不足，在课堂中通过与同学交流和教师互动，解决问题、内化知识。在课堂中，教师针对学生不懂的问题进行针对性讲解，可以帮助学生更好的理解和消化知识。在课堂教学中，教师不再扮演知识的传授者，而是扮演答疑解惑的角色。

课后教学评价。课后评价是学生线上学习的重要补充，教师可以将学生分为不同的学习小组，通过共同做练习、复习材料、交流讨论，进而起到巩固以及内化知识的目的。教师在教学评价中不能单纯地以成绩作为衡量标准，需要关注学生的学习态度、课堂表现和线上练习测试成绩等综合表现。在完成教学评价后，教师还要结合学生兴趣增强以及丰富阅读材料，为学生在线上拓展练习提供资源支撑。

总而言之，随着我国教育事业的蓬勃发展，各种先进的教学手段和教学技术大量涌现，以信息技术为支撑的在线翻转课堂受到了广大学生和教师的高度欢迎与认可，其应用于英语阅读教学中，颠覆了以往传统的课堂模式，激发学生对英语阅读的热情和积极性，有助于学生英语阅读水平和综合能力的全面提升。

五、翻转课堂用于课外拓展阅读教学的实践研究

翻转课堂可用于英语课外拓展阅读教学的实践之中。在运用翻转课堂进行课外拓展阅读的实践中，需要注意如下三个方面的问题：阅读兴趣的课内培养、课内讲解方法课外进行阅读实践、效果评价反馈。其中，阅读兴趣包括参与的兴趣、阅读兴趣等；方法包括具体的阅读方法、语言处理的方法等；在评价中，需要评价多维的内容、制定多维的评价标准，通过多样化的途径反馈客观的评价结果。

作为一种课改成果，翻转课堂在英语教学中得到了广泛的应用。然而，运用翻转课堂进行课外拓展阅读的实践却还少有老师提及。下边就结合自己运用翻转课堂进行课外阅读拓展实践的相关情况总结如下，以期实现对翻转课堂的创新性运用。

翻转课堂是对传统课堂的逆序性运用。教学流程的逆序创新带来知识传授的提前与知识内化的变化，其实践本质是帮助学生实现深度学习、聚焦问题解决、培养高阶思维能

力。在这段有关翻转课堂实践总结性的引语里，研究者首先概括了翻转课堂的特点，即"流程上的逆序"性创新，使课堂教学呈现出了"传授的提前与知识内化"的效果。其次，翻转课堂的好处不只于此，在另一个层面上，运用翻转课堂改革传统的教学实践，它还可以实现尝试学习的目的，并在此基础上培养学生的英语素养。

在了解了翻转课堂的优势之后，我们结合具体的个案来探讨翻转课堂用于课外拓展阅读教学实践的一般步骤与方法。

（一）阅读兴趣课内培养

课外阅读的实施需要兴趣的支撑。因此，翻转课堂可用于课外拓展阅读，但在运用之前却需要我们任课教师在课内培养学生的阅读兴趣。运用课堂教学内容培养学生的阅读兴趣，一般有如下几个方面的问题需要我们教师注意：

对于"兴趣"内涵的理解。英语阅读是语言输入的重要途径，激发学生的英语阅读兴趣是增加学生英语阅读量、提高阅读能力的有效手段。既然阅读兴趣对于阅读教学有如此重要的影响，那么我们就应该充分地理解"兴趣"的内涵与外延。在运用翻转课堂进行课外阅读拓展教学的实践里，所谓的"兴趣"应该包括如下两个方面的内容：

第一，所谓的"兴趣"是指学生能够在英语阅读中获取的"乐趣"。根据阅读文本的不同，在阅读中，不同的学生可以获取不同的乐趣。在《野性的呼唤》的阅读中，有的学生会从大狗巴克的奋斗历程中体悟到奋斗的快乐；有的学生会结合巴克的奋斗在解读小说多维主题中感受到快乐，还会有一些读者因为在阅读文本中了解了作者的创作风格而惊喜若狂。

第二，所谓的"兴趣"是指参与阅读的兴趣。阅读的乐趣除了来自阅读文本，而且它还来自参与的过程。在阅读中，学生的兴趣还可以通过他们对生词的理解，对文化差异的把握，以及阅读技巧的提升、方法的掌握等来提升自己的乐趣。例如，在阅读《傲慢与偏见》的时候，学生们通过讨论获知了如下的事实：在当时的社会背景下，大多数文学作品均以男性叙事方式为主体，但它一反常态，果敢地采用了女性主义的叙述视角，从普通大众出发，描绘人们日常的生活，将小说主体设置为女性，使得女性第一次在小说中拥有一定的话语权。这是基于阅读文本对其作者创作特点的总结。女性视角的选择使其创作体现出与传统不同的特点，这既是认识简·奥斯汀艺术价值的媒介，也是学生们获取阅读经验的过程。即使在讨论中彼此面红耳赤，他们也能从讨论中感悟读书的快乐，感悟到参与阅读的乐趣。

（二）课内方法课外实践

翻转课堂在课外阅读中，它体现出了"课内方法课外阅读实践"的特点。"课内方法"就是课堂内讲解读书的方法；所谓"课外实践"就是运用课外的时间，结合自己在课内掌握的阅读方法去拓展阅读。

在"课内方法"中，任课老师需要讲解的内容可以分为两个层面：一是课内讲解阅读的方法；二是课内讲解语言学习的方法。这也就是说，阅读的方法一般分为对文本内容的处理和文本语言的处理两个方面。在阅读的层面上，根据阅读目的的不同，它又可以分详读、略读两类。对于前者而言，详读不仅要明确在阅读中遇到的每一个词汇，而且还要真正理解每一个人物形象、每一篇文章的主题，了解每一位作家的创作风格以及每一篇或每一部作品的现实意义与艺术价值；对于略读而言，它可以结合自己的目的，在阅读中有目的地取舍上述提及的每一部分内容。在针对《傲慢与偏见》的阅读中，详读就需要学生对文本内容有详细的了解，既要读明白"傲慢"与"偏见"指向哪一个小说的人物形象，又要了解这部小说的创作特点与多维主题。在略读中，如果只是为了弄清题目，那么学生只要知晓它概括了两位人物形象的不同性格特点就可以了。

与此同时，课堂内部方法的讲解还涉及语言学习的诸多问题。在语言的学习中，作为二语习得实践，阅读中的翻译几乎是所有学生的阅读难点。因此，讲解方法的时候，我们还应该告诉学生如何处理陌生词汇的方法，告诉学生如何处理长难句的翻译问题，如何对待文化专有项的问题等。如何根据语境推测词义，结合文本把长难句简单化处理的技巧，都是方法讲解中应该涉及的内容。

"课外实践"是运用翻转课堂进行拓展阅读的具体过程。这个过程中，一般由三个步骤组成：一是根据课内讲解所激发阅读兴趣去布置具体的阅读任务。其中包括阅读文本的选择，阅读时间的安排以及相关的作业布置等。二是通过阅读检验学生的课堂所学并延续阅读兴趣的培养。其中包括方法的运用及运用过程中遇到的问题、解决措施等。三是结果反馈。在反馈的过程中，任课教师一般需要关注如下内容：阅读的质量、兴趣的延续。不管运用什么样的方法进行课外拓展阅读，兴趣的培养都是至关重要的。根据课内培养的兴趣去指导阅读，在阅读中培养兴趣，这是阅读教学的基本常识。因此，在反馈环节里，一定不能忽视对学生阅读兴趣及其发展情况的掌握。

（三）效果评价反馈问题

作为一种教学实践，运用翻转课堂进行课外拓展阅读的实践，它也需要我们教师及时进行效果评价反馈。在评价中，一般需要认真思考如下的问题。

首先，多维的评价内容。翻转课堂运用课外拓展阅读实践，它既涉及教师对翻转课堂的掌握，也涉及对学生阅读方法的讲解、对学生阅读兴趣的培养以及分析人物形象的方法，探讨作者风格的思路等诸多内容。因此，在评价运用翻转课堂拓展课外阅读的教学实践中，一定要首先确定好评价的多维内容。

最后，多维的评价标准。评价标准应该与评价内容保持一致，因此，评价标准的多维化就相对容易理解了。由于学生的英语基础差异较大，个性爱好差别明显，因此，制定多维的评价标准时，一定要细心思考，多方借鉴。任何一个方面标准的缺失都会影响到结果的反馈能否全面与客观。因此，评价标准的制定是效果评估中一个核心的组成部分。

再次，评价方式的多样化。课外拓展阅读是一种学习兴趣的培养，是一次阅读技巧能力的训练。因此，采取多种方式的评价也是实现多维途径反馈的前提。面对课外阅读的内容而言，它并不能全部出现于考试之中，因此，运用什么样的途径去评价这种阅读教学的效果是我们能否发现运用翻转课堂进行拓展阅读实践中存在问题的关键所在。

翻转课堂可以运用课外拓展阅读训练，这已是一个不争的事实。但如何才能实现翻转课堂对课外阅读影响的最大化，不同的教师却有不同的方法。因此，上述所谈仅供大家参考。

第六章　英语阅读的有效教学评价与教师发展

第一节　英语阅读教学评价的理论依据

作为体现现代教育教学理念的课堂教学评价体系，英语课堂教学评价目标的多维化、评价主体的多元化、评价方式的多样化、多角度地运用评价结果反馈的"四多"评价策略，既有心理学方面的根据，又可以从语言学理论方面寻找支撑。

一、课堂教学评价的心理学基础

（一）人本主义心理学的教学评价观

人本主义心理学也被称为现象心理学，是 20 世纪 50—60 年代产生于美国的一种心理学思潮和革新运动。其主要代表人物是社会心理学家马斯洛和应用心理学家罗杰斯。人本主义的学习与教学观深刻地影响了世界范围内的教育改革，是与程序教学运动、学科结构运动齐名的 20 世纪三大教学运动之一。

罗杰斯"以学生为中心"的教学理论是人本主义心理学理论在教学中的显著应用，其基本思想是将教学的重心完全置于学生身上，强调学生的自由。这一新的教学理论在教育界引起了强烈的反响，并且受到国际上的广泛瞩目。

罗杰斯认为，在教学过程中应以学生为中心，这是自我实现的教育目的的必然产物。教学以学习者为中心，让学生成为学习的真正主体。学什么，怎样学，学得怎么样，都应由学习者自由讨论决定。只有采取以学习者为中心的教学，每位学生才能自由地、充分地发展自身的潜力，愉快热情地汲取知识和形成人格。人本主义教育的以学生为中心主要体现在以下七个方面：第一，教师与学生共同承担责任，一起制订课程计划和管理方式等方面的内容。第二，教师提供各种各样的学习资源，包括自己的学习经验或其他经验、书籍、参考资料及社会实践活动。第三，让学生个人或同学们一块形成学习计划，把探寻自己的兴趣作为重要的教学资源。第四，提供一种促进学习的良好气氛。第五，学习的重点是学习过程的持续性，至于学习的内容则是次要的。一堂课结束的标志，不是学生掌握了需要知道的东西，而是学会了怎样掌握需要知道的东西。第六，学习目标由学生自己确定。为达此目标，需要对学生进行自我训练，用自我训练代替外部训练。第七，对学生学习的评价由学生自己做出。

在"以学生为中心"的课堂教学上，罗杰斯为教师提出了一些建议，其主要体现在以下五个方面。

1. 提出学生真正需要的问题

教师必须从学生已有的兴趣和需要出发，提出学生真正感知的问题，逐步引导学生到教学中去。

2. 提供资料

教师不仅要计划每天的工作，还应当为学生提供可以选择的材料、书籍、工具等。这些材料既要便于学生运用，又要允许他们自己选择。

3. 订立契约

特别是在人数较多的班级里，教师和每位学生就学业目标订立契约。契约不仅有助于学生在学习上的自我控制，增强学习自觉性，而且有助于保持师生之间的个人情谊。

4. 鼓励学生思考

教师要鼓励学生独立地进行创造性的思考，培养学生的创造思维能力。

5. 使用不同的教学方法

在教学中因材施教，调整教师和学生的关系，根据每位学生的特点对他们进行合理的培养，这是一种最有效的教育方法。如果教师和学生能真诚相待，真正尊重，并互相评价，就能够享受到有效的充满人情味的教学过程。

由于人本主义强调教学的目标在于促进学习，因此学习并非教师以填鸭式严格强迫学生无助地、顺从地学习枯燥乏味、琐碎呆板、现学现忘的教材，而是在好奇心的驱使下去吸收任何自己觉着有趣和需要的知识。罗杰斯认为，学生学习主要有两种类型，即认知学习和经验学习，学习方式也分为两种，即无意义学习和有意义学习，并且认为认知学习和无意义学习、经验学习和有意义学习是完全一致的。因为认知学习的很大一部分内容对学生自己是没有个人意义的，它只涉及心智，而不涉及感情或个人意义，是一种在颈部以上发生的学习，所以与个人无关，是一种无意义学习。而经验学习以学生的经验生长为中心，以学生的自发性和主动性为学习动力，把学习与学生的愿望、兴趣和需要有机地结合起来。因而，经验学习必然是有意义的学习，必能有效地促进个体的发展。对于有意义学习，罗杰斯认为，主要具有以下四个特征：一是全神贯注，即整个人的认知和情感均投入到学习活动之中；二是自动自发，即学生由于内在的愿望而主动探索、发现和了解事件的意义；三是全面发展，即学生的行为、态度、人格等获得全面发展；四是自我评估，即学生评估自身的学习需求、学习目标是否完成等。在学习过程中，自我评价居于首位、他人评价居于第二位时，学习者的创造性、独立性和自主性就会增长。因此，学习能对学生产生意义，并能纳入学生的经验系统之中。此外，罗杰斯认为，有意义的学习结合了逻辑和直觉、理智和情感、概念和经验、观念和意义。若我们以这种方式来学习，便会变成统整的人。

在人本主义心理学的教学评价观的影响之下，当代教学评价有了很大的改变，教学评价的过程中更加关注人文性。近几年来，课堂教学评价开始注重师生之间民主、平等、融洽、和谐的关系，强调学生的主体性，关注学生的精神世界的提升和个性的发展，学生在课堂学习过程中是自我评价的主人。自评、互评、小组评价等多种评价方法的运用，有效地调动了学生的课堂主动性，对自己的学习情况有了更深刻的了解与认识。此外，教师、其他学生、家长对某一学生的评价要予以热心反馈，坦诚地接触每一位学生，认真听取学生的意见，恰当体验学生情绪的变化，尊重学生的个性，让学生感受到其他参与个体对他们的信任与尊重，这样的学习评价活动才是愉快、有效的。由于学生学习的积极性、主动性被激发出来了，所以学习效率就会提高。在教学过程中，形成性评价方法和发展性评价方法的使用加强了对学生学习过程的监控、反馈，学生的有意义学习得到了进一步加强。在这一过程中，全面提高了学生的综合语言素质。两个方面都与本节所倡导的课堂教学"四多"评价策略——评价主体的多元化策略与评价方式的多样化策略不谋而合。

（二）多元智能评价理论

美国教育心理学家加德纳于 20 世纪 80 年代在《智能的结构》一书中提出了多元智能的概念，并在其后的《多元智能》一书中系统地加以论述。加德纳说，"多元"用来强调从音乐智能一直到自我认识智能等互不相关的未知潜能，"智能"则用以和智商测试所测出的能力相比较，指的是在特定的文化背景下或社会中解决问题或制造产品的能力。加德纳最先将人的智能划分为七类，后来又扩充为九类，分别是语言智能、数理逻辑智能、空间智能、音乐智能、运动智能、人际智能、内省智能、自然探索智能、存在智能。多元智能理论认为，每一个人都是独一无二的，每位父母都应像看待珍宝一样看待自己的孩子，也许初期并非个个美玉无瑕，但是只要我们发现孩子的天赋所在，经过精心地雕琢与用心地描绘，顽石也会绽放最光亮的色彩！而学校教育的宗旨应该是开发多种智能，并帮助学生发现适合其智能特点的职业和业余爱好。他相信，得到这种帮助的人在事业上将会更投入、更具有竞争力，因此将会以一种更具建设性的方式服务于社会。

加德纳曾经说过，任何一种全新的教育理念被提出后，必须具备相应的评价体系，否则是不完善的、不科学的。多元智能理论的内容可以概括为多元的课程观、多元的教师观与多元的评价观。其中，多元的评价观在多元智能理论中占有重要地位。

加德纳将评价定义为"获得个体技能和潜力等信息的过程"。多元智能的评价观紧紧围绕开发学生的多元智能，帮助学生发展这一中心思想，旨在关注学生多方面的潜能，了解学生在发展中的需求，帮助学生认识自我、建立自信。

多元智能的评价观强调多元的评价标准。以纸笔测试为主的标准化考试主要评价学生的语言智能或数理逻辑智能，无法测试出人际智能、内省智能等对个体发展起同等重要作用的智能。加德纳认为，每个人都有自己的优势智能，这些智能又具有独特的、多样的表现形式。只有采用多元的评价标准，才能真实、准确地反映学生的智能水平，为每个学生提供展示自己风采的机会，让每个学生都能体会到成功的喜悦。课堂教学的"四多"评价策略提倡的评价目标的多维化策略就是以此评价观为基础而提炼出来的。"四多"评价策略倡导教师不仅要关心学生的学习结果，更要关注学生在整个英语学习过程中所表现出来的兴趣、情感和人格等方面的成长过程，对学生进行多方面的考查，如此才能使评价更细致、更全面。

多元智能的评价观重视评价主体的多元性。评价的主体可以是学生自己，也可以是社区、学校、教师、家长等他人。评价的主体遵循多元化原则，将评价融入学习生活，使评价无所不在，成为学习者的需要。课堂教学的"四多"评价策略正是在此基础上提出了评价主体的多元化策略。

情景化的评价方法是多元智能评价观的特色体现。所谓情景化，是指自然、真实、轻松的状态，把评价与日常的生活学习融为一体。加德纳指出，评价应该成为自然的学习环境中的一部分，而不是在正常的学习时间之外强加进行的。只有真实、自然的环境，才能反映学生实际的智能水平。比如，学生可以在海报（poster）成果展示等情景下进行评价。情景化评价方法的最大优点是可以辨认出不同的个体拥有不同职能和不同的认知方式，反映出学生发展的阶段和轨迹。

这也正是评价方式多样化的课堂教学"四多"评价策略产生的一个重要的理论支撑。通过多样化的评价方式，更全面真实地评价学生的知识、能力、情感态度和价值观。

二、英语学习活动评价的语言学理论基础

(一) 英语学习的特征

1. 课堂语言学习环境的局限性

虽然课堂教学往往是学习英语的主要途径，但是学习英语的过程中具有很大的局限性，它既要受到时间的限制，又要受到环境的制约。学生的学习环境是一个本族语的世界，他们只能在英语教材中、在教室中接受非本族语的输入。学生学习英语的语境不是真实的，而是虚拟的。学习英语过程大多数是在课堂教学中进行的。这是一个人为的受客观条件制约的语言环境，离开这一语境，则又处在本族语的环境中了。

2. 学习过程中的模仿性与积累性

模仿是进入英语世界的最初路径，在英语学习中具有不可回避的特殊作用。模仿包括对语音、语调的模仿和对遣词造句的模仿，后者是更重要、更高层次的模仿；积累是搞好英语学习的必不可少的基石，在英语学习中具有不可替代的重要作用。英语的学习要利用一切可以利用的时间、机会和方法，小到从一个个单词、短语、结构入手，进行词汇、语法规则的积累，大到文化差异等的积累。

3. 有目的性的学习

世界上的任何事情包括本能都是有目的地进行着，也有一定的目的指向。儿童学习母语的目的是认识客观世界，而英语学习的目的是应用这种语言去进行交流信息和沟通情感，使自己和别人互相得到理解。虽然学生具体的英语学习目的有所不同，但他们的共同点是为了掌握一门英语。学生学习的出发点和归结点已从客观世界转移到了语言本身，最终能够在不同的场景中灵活自如地、得体地、创造性地运用这些语言知识，达到交流和交际的预期目的，这样才是真正地学会了这门语言，掌握了这门语言。

4. 英语学习的主观干扰性

英语学习的主体是学生，英语学习一般都是在学生母语习得完成后进行的。从生理方面来看，学生掌握英语往往是在智力已发展的基础上进行的；从心理功能来分析，学生主体已经具备了感知能力和对客观事物的认识能力。学生在知识上已经具有了母语的建构能力及表达习惯，从而对英语学习形成了一种语言的迁移，已有的母语知识在很大程度上对再掌握另一种语言会形成干扰。

虽然学好英语是每一位英语学习者的愿望，但是学习英语并不是一件简单的事情，更不是一件容易的事情。英语学习者一定要遵照语言特征的规律和方法进行学习，如此才能

够事半功倍；学习者更要踏踏实实，勤学苦练，深入钻研，如此才能有所收获，不断进步。

（二）英汉语言学习的差异

英、汉两种语言在语言特点上有着非常明显的差异：汉语语言形象丰富，英语语言逻辑严谨；汉语语言动词丰富，英语语言名词丰富；汉语注重整体美感，英语单句独成一体。由此可见，英语和汉语是完全不同的语言系统，其具体差异表现在以下五个方面：第一，语音差异。首先，对比英汉元音、辅音音位表，两种语言包含不同的音。其次，英汉音位组合方式不同。最后，英语是语调语言，汉语是声调语言。因此，中国学生讲英语时往往对重音、次重音、声调、降调掌握不准，说起英语往往语调平平，升降起伏不大。第二，文字差异。汉字以形写意，直接描物状景，而且形、声、义一体，是平面文字。而英语是由字母组成的音素文字，它直接赋予文字表音功能。第三，词语差异。第四，句子结构与语法差异。在句子结构上，英语的句子线形扩展性强；汉语则与之相反，汉语的句子线形扩展性弱，因此句子相对较短。汉语是一种文字系统形态稳定、自足的语言，不具备屈折形态，特别是动词，没有定式与不定式之分，不必恪守动词形式的各种规范；而英语是有形态的语言，词法特征比较明显。第五，篇章结构的差异。中国人的思维方式从宽泛的空间和时间入手，从整体到局部，从大到小，由远及近，往往会把自己的想法、对别人的意见等主要内容或关键问题保留到最后或含而不露，逐步达到高潮；而英语擅长于开篇直奔主题。

造成这些差异的原因是中西方文化的差异，这是众所周知的。文化的差异在一定程度上制约着语言使用者的思维方式和表达能力。人们用语言进行交流为的是表达感情、沟通思想。如果一个人所说的话符合语法规则，却不符合听话人的语言习惯，就不能被正常地传送到位；甚至有时说话人因为不了解听话人的习俗而无意中犯了听话人的语言禁忌。这样不仅达不到预期的目的，反而会造成不必要的误会。

因此，英语学习者要及时有效地对英汉两种文化的不同之处进行分析比较，提高对中外文化异同的敏感性和鉴别能力，从而在英语运用时适时避免因文化差异而导致的错误，达到进行得体交际的目的。接触和了解英语国家的文化有利于对英语的理解和使用，有利于加深对本国文化的理解与认识，有利于培养世界意识，有利于形成跨文化交际能力。因此，教师应根据学生的年龄特点和认知能力，逐步扩展文化知识的内容和范围，而且教学中涉及的有关英语国家的文化知识应与学生的日常生活、知识结构和认知水平等密切相关，并能激发学生学习英语文化的兴趣。此外，还要扩大学生接触异国文化的范围，开阔视野，为发展他们的跨文化交际能力打下良好的基础。

（三）英语学习活动评价的内容

英语是一门复杂的语言学科，而语言是一个生成性极强的系统，具有交际性和创造性等特点。学习语言需要耐心、兴趣、方法、技巧、引导，需要一个良好的氛围及环境。在我国，其氛围和环境主要体现在课堂上。由于英语学习的落脚点和主阵地在课堂，所以我们就要重视和坚守这块阵地。尤其在当今新课程背景下，务必大力实施课堂教学改革，建立课堂教学评价指标，实时实地监控与管理，让课堂教学效果有效且高效。那么，新型的课堂教学评价应包括哪些内容呢？

1. 静态要素评价

课堂教学评价是以教学目标、教学内容、教学方法、教学手段、教学效果、教学特色等基本要素为评价基础的，即是对教师上课进行的概括性评价。因此，静态要素评价也可理解为基本要素评价。英语学习首先是有目的性的学习。虽然学生具体的英语学习目的有所不同，但他们的共同点是为了掌握一门外语，最终能够在不同的场景中灵活自如地、得体地、创造性地运用这些语言知识，达到交流和交际的预期目的。另外，英语学习有着很强的主观干扰性。学生在知识上已经具有了母语的建构能力及表达习惯，从而对英语学习形成了一种语言的迁移，已有的母语知识在很大程度上对再掌握另一种语言会形成干扰。针对英语语言学习的这两个特征，教学目标、教学内容、教学方法、教学手段、教学效果及教学特色的静态六要素评价就非常必要了。一方面，能够摸清课堂上学生的英语学习情况，培养其语言运用能力；另一方面，有效的教学方法和教学手段的运用以及教学效果和教学特色的设计帮助学生排除主客观干扰性，为语言学习提供良好的环境。

（1）教学目标。

教学目标全面具体，明确符合大纲、教材和学生实际。同时，教学目标要关注学生的素质培养和能力发展，兼具一定的开放性，对不同层次的学生有层次分明的教学目标。

（2）教学内容。

教学内容应当依据教材内容加以适当补充相关语言情景材料，便于学生感悟和体验教学内容，从而养成语言技能和能力。内容安排在容量、难易程度、前后次序等几个方面都要符合班级各层次学生实际。内容呈现教材本质，重点、难点定位准确，学生易于接受。

（3）教学方法。

采用灵活多样的教学方法，注重培养学生的学习能力；贯彻启发式教学的原则，充分体现学生的主体地位，恰当处理主导与主体的关系，适时抓住反馈信息，启发引导学生的创新性思维，灵活处理学生反映出的问题。

（4）教学手段。

从实际出发，运用现代化教学手段，根据教学内容，恰当运用教学媒体，做到形象思维与抽象思维相结合，设备操作熟练规范。

（5）教学效果。

达到预定的教学目的，全体学生理解掌握了教学内容，整个课堂气氛活跃而有序，学生思维具有创新性，并有一定的广度和深度；教学氛围民主和谐、师生关系平等；教师注重对学生学习动机、兴趣、习惯、信心等非智力因素的训练培养；教学目标达成度高，教学效果好；学生会学愿学，学习主动；课堂容量大，学生负担合理，短时高效。

（6）教学特色。

学生身心愉悦，积极、主动地参与学习全过程，思维活跃，活动时情绪高涨；注意学科知识的整合，使不同层次的学生都有收获，教学实效性高或教学在某方面有独到之处。

既然确定了课堂教学的静态六要素评价，就要建立相应的评价体系，本节所提出的评价目标的多维化策略正是符合这种评价内容的极为恰当的策略。只有运用评价目标多维化的策略，才能将各种要素评价到位。

2. 动态要素评价

英语课堂教学过程是一个师生不断发展的动态过程，师生的共同行为与课堂教学过程是密切相关的，因此关注师生行为的动态要素评价正是课堂教学评价的核心体现。英语语言学习的两个特征是语言学习环境的局限性和学习过程中的模仿性与积累性。在课堂教学评价中，关注学生的行为评价可以有效地提高其学习效率，提高其在英语学习过程中对于综合语言运用能力的掌握。此外，英汉语言学习在语音、文字、词语、句子结构、语法与篇章五个方面存在着一定的差异。因此，英语教师在进行英语教学时一定要注意这方面的差异，以此设计课堂教学，尽量帮助学生创造适宜的语言环境进行语言学习，也要关注课堂教学评价后及时有效的反馈作用，进一步促进学生的英语语用能力。

（1）学生行为评价。

①三维目标掌握情况。

知识与技能：通过课堂提问、作业完成、阶段测验等方式检验教学效果，判断学生对教学重难点的掌握情况，及时采取相应补救措施。学生在课堂上听讲、回答问题的情况以及对话表演、小组讨论、排演英语小品等活动中的表现，了解学生综合运用所学语言知识的情况。学生通过探究活动获取知识的同时，他们的自学能力、对信息的搜集处理能力、合作交流能力和创新能力是否得到相应的发展和提高。

过程与方法：自主学习，即能否根据不同学生的个性、特长，组织开展合作学习，学生参与活动的热情、情感体验如何？合作学习，即是否通过参与者之间的交流而产生最佳学习效果？学生是否在参与过程中获得知识和技能及身心的健康？是否通过参与从思想上到行为上的交流而获得进步？探究学习，即学生是否通过探究问题获取知识，学习有关获取技能和科学研究的方法，领悟科学的思想和精神，探究问题的热情和兴趣如何？

情感态度与价值观：学生的学习兴趣与自信心是否进一步提高，是否具有强烈的求知欲与他人合作交流的愿望，是否逐步形成各种良好的习惯和科学的价值观，师生间的关系是否更加融洽。

②主动参与的程度。

学生在课堂中所呈现的学习状态是学生学习结果的关键。学生只有学习兴趣浓厚，情绪饱满，感情愉悦，积极、有效地参与学习活动，参与面大，不同程度的学生均能较好地接受学习内容，才能取得较好的学习效果。主动参与表现在以下四个方面。

A. 学生参与的全体性。

教师的问题设置注意到学生的层次性，好、中、差学生全体参与，兴趣浓厚，积极性高，训练面广，都有收获。

B. 学生参与的全面性。

理解他人发言，掌握学法，习惯良好，思维灵活，掌握知识牢固。

C. 学生参与的主动性。

课堂气氛活跃，主动投入，善于倾听，并能及时抓住要点，发表自己的观点，自主学习，读、思、疑、议、练、创贯穿全过程。

D. 学生参与的创新性。

善于思考，勇于质疑、释疑，发表不同见解，不唯师、不唯书，敢于挑战权威，善于发现规律，能举一反三，善于运用不同学科知识，从多个角度思考解决问题的方法。

传统的课堂教学评价只是教师一人在唱"独角戏"，新的评价内容的制订迫切需要作为学习主体的学生的参与，只有他们的参与，才能体现出课堂评价的生机与活力，才是真正地实现了素质教育的转化。因此，多主体参与的课堂教学"四多"评价策略的制订也是恰到好处的。

（2）教师行为评价。

①教师教学素质评价。

教师要转变旧的教育观念、课堂设计，教学计划的制订、教学内容的选取和教学实践的执行要体现新课程的教育观念和课程理念。

教学态度：教师能够做到尊重每一位学生，尊重学生的个体差异，平等对待每一位学生，每一个教学环节都认真负责。

基本技能：教师具有扎实的专业知识；熟练领会和掌握课程标准；语言表达生动、流畅，富有感染力；组织教学，评价是否准确、规范；掌握新课程要求的新的教学技能，如课程资源的开发、整合和利用，运用信息技术辅助教学，搜集和处理信息的能力等。

②教师教学行为评价。

课堂讲授：教师具有一定的跨文化交际知识，结合教材内容能向学生介绍英语国家文化背景知识；教师能恰当应用幽默机智的教学语言和个人特长，以及匠心独运地创设教学情境，准确理解教材所表达的意图，并结合本班学生的特点，将教材内容转化为教学内容，体现科学性、人文性和社会性的融合。

组织与管理：在新课程的要求下，教师组织学生开发、利用有关的课程学习资源，为学生提供必要的学习环境，帮助学生营造和维持学习过程中积极的心理氛围，使教学活动充满生机与活力，激发学生情感，培养学生的语言学习能力。

有效评价：在尊重每一位学生的同时，能否注意因材施教，根据学生的不同情况进行各种类型的评价。

教师在课堂教学评价中扮演了组织者、帮助者、领导者等多种角色，要注意引导学生合理运用多种评价方法评价自己或他人的课堂行为，如此才能做到客观全面、公平合理。此外，教师也应该利用好评价的反馈性功能，要重点利用评价的激励与发展功能。本节中提出的多角度运用评价结果的反馈性策略就是一个很好的值得借鉴与参考的例子。

第二节 英语阅读教学评价的具体策略

一、评价目标的多维化策略

（一）设计评价目标的多维化策略的依据

长期以来，我们的课堂教学只重视认知目标的评价，考什么教什么，怎么考怎么教，把难以量化的情感目标和动作技能目标基本排除在被评价目标之外，从而导致教学评价和教学目标严重脱节。这种现象与新课程改革的先进教学思想极不协调。所以，课堂教学评价的目标应该是多元的，其理论基础主要是以布鲁姆为代表的教学目标分类理论。美国教育学家布鲁姆认为，各种意识水平都可用行为形式表现出来，并把它们区分为三个领域，即认知领域、情感领域和动作技能领域，又按层次将各个领域分成若干亚领域。

第一，认知领域目标分类。认知领域的目标是指知识的结果，根据布鲁姆的分类，包括六个亚领域，即知识、理解、运用、分析、综合和评价。

第二，情感领域目标分类。情感领域的教育目标分类主要包括态度、兴趣、理想、欣赏和适应方式等，其亚领域可分为接受、反应、价值判断、价值的组织和价值的个性化五项。

第三，动作技能领域目标分类。主要包括知觉、准备状态、引导的反应、机械练习、复杂的反应、创作。多元化的教学目标的执行实施当然需要与之相配套的多维化的评价目标的制订。

近几年的教育改革实践也表明，不建立一套完整有效的课堂教学评价体系，教学改革工作很难全面展开，全面推进素质教育也就成为一句空话。长期以来，我国总是把考试作为衡量教学质量的唯一方式，把一次考试、几张试卷的成绩作为衡量教学质量、衡量教师教学水平的唯一标准，这是有很大局限性的。因为考试仅仅是质量评价的一小部分，用一小部分来代替全部是不科学的，是不能反映出教学的全部质量的。因此，建立完整的课堂教学评价体系，设计评价目标的多维化，对于克服"高分低能"现象，全面推进素质教育是有重要意义的。

现代背景下的英语教学的本质就是为学生创造使用语言的情景，让语言学习回归真实世界，提供由操练到产出的语言内化过程，设计符合语言发展规律的训练任务，通过听、说、读、写等课堂活动来培养学生的英语语用能力。这种本质决定着英语教学的质量效益，决定着英语教育的发展。夸美纽斯指出，为了使儿童的学习更加有效，假如有一件东西能够同时在几个感官上面留下印象，它便应当用几个感官去接触。卢梭说，知识来自"我们的脚，我们的手，我们的眼睛"。因此在学习中，学习者对事物的感知是立体的而非平面的，是多维的而非单一的。英语课堂教学评价正是在学生的这一需要上提出来的，为学生的课堂学习提供适当的环境与全面及时的信息反馈，促进课堂效率的提高。

英语课堂教学评价直接作用于课堂教学活动的各个方面。无论是教学目的、任务，还是教学过程、环节和方法，其主要目的是帮助学生的"学"和教师的"教"。其具体包括以下几个方面：反映学生英语学习的成就与进步，激励学生的英语学习；全面了解学生英语学习的历程，帮助他们认识到自己在学习中的长处和短处，促使学生形成正确的学习方法，形成对英语学习的积极态度、情感和价值观，帮助学生找到自我，树立信心。著名教育家叶圣陶老先生曾经在一次评课活动中意味深长地说过一句话："重要的是看学生，而不是光看教师讲课。"课堂教学追求的效果，应该是学生的学习效果，即三维目标：一是知识目标——学会了吗？二是能力目标——会学了吗？三是情感目标——学得有情趣吗？对这些方面能否做出科学的、准确的评价，不仅直接决定教学效率的高低、教学标准的落实，还影响着教师教学工作的积极性和学生学习的主动性。课堂教学目标的多元化决定了多维化的教学评价的必然性。

（二）评价目标的多维化策略的确定与描述

在制订评价目标时，一般要遵循以下基本原则。

第一，客观性。在进行英语课堂教学评价时，要客观公正，科学合理，不能主观臆断，掺杂个人情感。否则，评价就失去了其本应该有的意义。

第二，一致性。课堂教学评价目标的制订必须采取一致的标准，无论对集体还是对个人，对甲还是对乙，都要采用一致的标准。

第三，可行性。评价目标太高或实现不了会严重挫伤学生英语学习的积极性；评价目标过低又不能激发学生的英语学习热情。因此，教师应经过认真分析讨论，制订切实可行的课堂教学评价目标，保证不同层次学生学习发展的步调。

第四，具体性。课堂教学评价目标制订越具体越易实现。因此，要求计划要具体到每一课时，使学生明确评价目标，确保完成课堂教学任务。

第五，量化性。教学中采用具体的量化指标，达到规定的课堂教学评价目标后，才能进入下一课的课堂教学评价目标。

第六，及时的反馈性。教师执行课堂教学评价目标可能会出现一些问题，只有通过不断的反馈信息，才能检验教学目标的正确性，不断地分析、调整、完善，使得最终的教学目标得以实现。

新课程倡导教师不仅要关心学生的学习结果，更要关注学生在整个英语学习过程中所表现出来的兴趣、情感和人格等方面的成长过程。只有对学生进行多方面的考查，才能使评价更细致、更全面。

二、评价主体的多元化策略

（一）学生作为评价主体

课堂是学校教育的主要场所之一，因此课堂教学是学生发展最重要的阵地。由于受传统教育思想影响，课堂教学评价仍存在着问题。英语课堂上更加注重教师对学生的评价，而忽视学生主体作用的发挥。我们不仅应关注教师对学生的评价，而且要关注以学生为主体的评价。学生是学习的主体，也是评价的主体。学生参与评价活动，使其主体功能得到进一步的发挥。他们不仅积极主动地参与学习过程，真正成为学习的主体（不是知识的被动接受者），而且成为评价的主体之一。

1. 学生自评

学生自评（作为"参与评价法"的主要体现）是在英语课堂教学评价中常被采用的一种形式。学生的自我评价是培养学生自主学习的重要途径，是学生实现真正的自主学习，达到"教是为了不教"效果的重要手段，是自我教育、自我调控、自我提高的过程。如我学会了……我明白了……我掌握了……我还存在哪些问题等。

2. 学生互评

在学习过程中，学生对同伴的表现有着某些自觉、能动的反应，采用生生互评的方法就可以对这种反应做出反馈。其目的在于促使学生在民主、自由、开放的学习氛围中发展合作学习的能力，互相学习，取长补短，共同进步。比如，学生写了一个单词、造了一个句子、朗读了一段话后，教师总会让同学们评说一番，孰优孰劣，大家各抒己见，畅所欲言。学生在评价别人的过程中，自己也有所收获。另外，作为教师应该发挥其主导作用，对学生的课堂互评做好监督调控。

（1）学生之间的口头评价。

在课堂上，某位同学回答完问题或者独立完成了某项任务后，教师可以引导另外一位学生对其进行评价，如 The Teacher said，"What do you think of student A's job/performance/answer?" Student B commented；"It's very good.""Well done!" 教师所执教的是学生阶段不同，所以在让学生进行评价时，使用的语言尽量要体现出一定的水平，不应该过于简单，并给出自己评价的理由，如 "Excellent，He speaks English very well. He has fluent oral English，Good pronunciation." "Good answer，but I think if student A give more detailed information，it's better." "It's wonderful because I think… give B to Ann，I have three reasons…"

（2）学生之间的书面评价（填写互评表）。

教师可以利用下课前的两三分钟时间让学生之间进行互评。

（3）全班同学对个体的动作性评价。

在课堂教学中，全班同学对于某一位学生的评价，尤其是学生得到集体的肯定时，其渲染性和影响力可想而知。

3. 小组评价——培养协作精神

小组评价法是以小组为单位的评价方法。教师在课堂教学中采用分组教学策略，即把全班学生分成若干小组，以小组为单位开展学习活动。小组评价法以培养学生的团队精神，让学生学会合作、学会关心、学会以集体的力量去竞争为目的。这样的评价，对于形成学生的集体观念和伙伴合作学习的习惯是很有效的。首先，要有目的地组织小组活动。在分组教学中，教师在布置学习任务的时候就向学生明确提出小组活动的目标。譬如，让学生分组讨论，用所学的句子组成一段对话，组长负责组织学生讨论和分配给每个学生角色，并进行练习，然后全班进行评价交流。其次，根据预定目标对各小组的汇报情况进行评价。这样的评价可由教师指出，也可以由学生个体或组与组之间相互讨论后做出。最后，让学生运用评价结果加深对知识的理解和掌握。如教师可以根据各小组的回答，把每一组创编最好的地方组合起来进行练习，使小组中的每个成员都享受到成功的喜悦。

4. 学生对于教师的评价

教师的课堂教学往往是由领导或者同行来进行评价。事实上，学生作为课堂学习的主人，他们对于教师的评价才是真正出于心声，其评价内容更具有思考价值。学生对于教师的课堂教学可以通过量化评价表和质性评价表来进行评价。只有把两种评价方法结合起来，才能真正体现学生对于教师的课堂教学评价，有利于教师和学生的互相了解，进一步和谐二者之间的关系，改善课堂教学效果，提高课堂教学质量。值得提醒的是，学生对于教师的课堂质性教学评价后，教师要给予及时的吸收与反馈。例如，继续教授学生所喜欢的教学内容，接纳学生所提出的建议，更要对学生提出的不满意的地方尽量给予改正。

（二）教师作为评价主体

1. 教师自我评价

课堂教学评价具有促进学生发展和教师专业成长的双重功能。教师自我评价必须着眼于学生的学。因此，在课堂上，教师应该时时观察学生，关注学生，将学生所做、所说、所思、所学、所感受作为自我评价的依据，运用新课程理念，深层次地反思自己的教学，为教学策略的调整提供及时的信息导向。同时，教师在不断反思自己的课堂教学中变革教学理念，形成正确的课堂教学行为，提高自己的课堂教学水平。此外，教师也可以通过写教后反思来进行自我评价。

2. 教师对于学生的评价

在课堂英语教学中，教师的教学评价不仅是对学生的评估，更使每一个学生都能时时刻刻看到自己的不足，明确自己前进的方向，有利于培养学生学习的自主性、自信心及合作精神，提高其运用语言的能力，并激发强化了学生的兴趣，这种学习兴趣逐渐地转化为学习动机。同时，评价活动也带动了教师教学上的一次改革，这种教学相长的教学方法使师生都更上一层楼。

教师对于学生的评价要采用"因人而异"的原则。因为学习是个体的行为，不同的学生从课堂上接收的信息量是不同的。学生会按照自己的生活经验、思想水平、审美情趣、想象等进行学习活动，不可避免地存在差异，因此教师不能用一把尺子来衡量所有的学生，也不能只注重学生回答的最后结果。在进行课堂评价时，既要对事，又要对人，既要纵向地比，又要横向地比。对于一些较容易的问题，应让学习较为吃力的学生回答，如果他们的回答有进步，哪怕是点滴的进步，教师也应抓住契机，进行表扬和鼓励，肯定其努力的过程、认真的程度等。在对一些优等生进行评价时，则应侧重评价其学习的方法、思维的创新等，要求其他学生向他学习。同时，这也有助于学生形成正确的自我评价，成功了，是因为自己付出了努力；失败了，归因于自己的努力不够或方法不得当。这样的归因，有利于学生强化内在动机，正确面对失败，形成良好的自我意识；有利于学生在完成既定目标后，正确审视自己，调整心态和行为，向更高的目标迈进，获得更优的发展。

（三）多主体参与的合作性评价之一——家长参与的评价

在以往的评价体系中，家长往往隔离于教学评价之外。新课程改革认为，课堂教学评价不仅要有师生参与，还要有家长的支持。家长是富有生命的个体，他们的知识渊博、经验丰富、兴趣多样、思维活跃。充分利用家长的智力资源，让家长利用活动来参与评价，不仅可以拓宽评价的空间，弥补学校师生评价的不足，而且有利于促进学生的全面发展，让家长进一步了解自己子女的学习情况和进步点滴，加强子女与父母之间的沟通，给学生以极大的鼓励。教师、学生、家长多方进行交流，从多方面了解自己和学生，彼此的理解定能使教师、学生、家长形成一种教育的合力。最终这种合力促进学生积极、和谐、健康的成长。

三、评价方式的多样化策略

（一）形成性教学评价

形成性评价，又被称为学习中评价，是教学过程中为了了解教学效果及学生学习的进展情况和存在的问题，以便及时调整和改进教学的评估活动。这种活动对调控教学、激励学生可起到积极的调节和导向作用。对此，教师应从课堂教学的特点和目的出发，坚持"育人为本"的教育方针，以学生的年龄、心理及个性特点为依据，因校制宜、因班制宜、因人制宜，采用灵活多样的评价手段和方法。

1. 评价的主要原则

（1）发展性原则。

评价的作用在于教学的动态调控，而不是区分学生的优劣和简单地判断答案的对错。促进学生发展的评价不能只对学生的学习情况做简单的好坏之分，重要的在于强调其形成性的作用，注重发展功能。

（2）诊断性原则。

美国著名教育评价学者斯塔弗尔比姆说过，评价最重要的意图不是为了证明，而是为了改进。一方面，让学生通过评价获得自我认知，发现自己的优势和不足，进而查漏补缺，扬长避短。另一方面，教师通过评价对学生和教学有更多的了解，为更好地改进教学工作，提高教学质量奠定基础。

（3）激励性原则。

在形成性评价中，学生可以看到自己的进步。如果学期中教师能够安排学生进行自我监控性评价，比如通过成长记录袋的方式，学生就可以看到自己学习的历程，看到自己的一步步发展，从自己的成长中获得激励，学习就变成了一个自我鼓励的良性循环过程。

2. 评价方法

（1）课堂观察。

众所周知，课堂观察是英语课堂教学评价中最基本、最重要的方式。教师借助于课堂观察，结合学生的课堂行为表现，以及小组活动实录等得到学生参与语言实践活动的效果，即时了解学生的语言运用能力，有助于教师更好地了解学生的学习潜能和存在的问题，从而改善教学方法，进而达到促进学生的有效学习和加快学生的自身发展。

（2）课堂学习效果自评。

学生完成了课堂上的基本知识（如词汇、语法等）的学习后，进行学习效果自评是一种非常有效的检测方法，有利于学生及时纠正自己存在的问题，提高以后的课堂效率。

（3）英语学习成果档案袋。

以英语学习成果档案袋为基准的评价方式是对学生学习英语整个过程的综合评价。同时，这一方式也是展示学生在学习过程中的努力、取得的进步以及反映学生学习成果的集合体。因此，档案袋的重要价值体现在整个学习成长过程中为我们提供有关学生语言发展的详细且全面的记录，学生学习的整体情况、取得的进步以及父母的期望，教师、同学和自我评价。另外，特殊的作业也可装于档案袋中，作为自己成长进步的实录。

在档案袋里，学生可以自行收集如下材料：期中和期末的测试试卷；每个星期写的周记；每个单元学完后，针对项目小组制订的海报或写下的信件等；几周轮换一次的日报的的演讲稿，课后整理好后也收集进去；在学校里或主管部门举行的英语演讲比赛的获奖证书复印件或准考证（准考证体现出学生积极参加英语活动的态度，是对学生情感态度进行评价的依据）；每月自编的一份英语手抄报；每月要读的英文短篇文章；个人所喜爱的偶像的英文报道或报纸文摘等。

通过让学生全程参与，可以帮助学生自觉地思考与判断自己的进步与努力。它为教师最大限度地提供了有关学生学习与发展的重要信息，有利于教师对学生的参与意识、合作精神、知识理解和认知水平、分析问题和探究问题的能力以及表达交流的技能等进行全方位的评价，激发学生个性发展的闪光点。

(4) 课堂活动评价。

教师通过组织课堂活动来评价学生的英语基础知识和能力的掌握情况，以及学生的学习兴趣和学习习惯等。开展各种形式的活动，不仅能够调动学生的英语学习的积极性，更能激发学生的学习兴趣。可以采取的课堂活动评价的形式有很多种，主要体现在以下四个方面。

①互动游戏法。

让学生在充满知识的英语游戏中进行评价，如 Tongue twister、Guessing word 等。

②运动教学法。

将学生的肢体运动与英语教学活动相结合进行评价，如 Do and say、Follow me 等。

③情景设置法。

给学生创设一定的情景，让其投入地表演、练习，如 In the hall、In the classroom、In the library 等，以此评价学生对英语知识的理解和运用能力。

④竞赛评价法。

通过各种各样的竞赛活动对学生进行评价，如默写生词、短语等。需要注意的是，教师要根据本节课所要讲解的内容来确定课堂活动评价的形式。

(5) 问卷调查。

问卷调查评价法可以在两种时间来执行，即课堂教学开始之前和课堂教学结束之时。实施问卷评价前，要做大量的准备工作，要认真思考和准备。这样，评价的有效度就会提高。例如，教师可以通过问卷调查了解学生对作文修改的看法和需求。

3. 注意事项

第一，因情况而定评价方法。在进行形成性评价时，教师应结合自己学校和班级的实际情况，合理使用评价时间，避免影响教学的进度，处理好教学和评价的关系。同时，要防止走过场，防止为评价而评价。另外，教师可以根据评价内容的深浅和评价形式的难易度做适当调整，以适应学生的差异和个性发展，提高学生参与的评价意识。

第二，将形成性评价和终结性评价结合使用。进行形成性评价，并不等于说就完全抛弃了终结性评价。两者各有优点，教师在实践中要把两种评价方式结合起来，充分发挥各自的优点和突出功能，更好地服务于素质教育，全面地提高学生素质。

第三，在评价过程中关注学生的个体差异——迟缓评价法。学生作为社会的个体，具有不同的素质和生活环境，不同的爱好、长处和不足。学生的差异不仅包括学业成绩方面的差异，还包括生理特点、心理特征和兴趣爱好等各个方面的差异，因而每一个学生发展的速度和轨迹不同。评价目标要根据学生的不同背景和特点，判断其不同的潜质和特点，最终提出适合该学生发展的具体的有针对性的建议。这就要求教师要以学生的年龄特征和学习风格的差异为基础，采取不同的评价方式。因此，在各种各样的形成性评价中，应允许教师和学生根据自己的特长或优势选择合适的评价方式。重视差异，尊重差异，这样才有利于学生的发展。为此，可以采用迟缓评价法，即推迟对学生的评价。这种评价方式尊重了学生的个体差异，保护了学生的自尊心和学习兴趣。

（二）发展性评价

发展性评价是课堂教学的有机组成部分，是以调节教育过程、保证更好地实现教育目标为目的的评价活动。这种评价尤其注重教师和学生的积极参与，进而使评价的总结、矫正、促进、导向和发展的教学功能在活动中发挥得淋漓尽致。其特点主要体现在以下三个方面：首先，多元性。评价主体积极开展评价活动，每个学生提出的不同意见也是值得尊重的方面。对此，教师要鼓励学生形成富有创见的思想，特别是在有争议的问题上，更要培养学生多元的思维能力，促进其创新精神的形成和发展。其次，整体性。学生整体、全面的发展是评价所关注的要点，这其中既包括学生的学业成绩，又要关注学生在学习过程中所表现出来的情感态度和学习策略等方面的情况。进步与成功的体验有助于学生认识自我、建立自信，调整学习策略，促进学生综合语言运用能力的全面发展。每个学生都有其优势和弱势品质，在教学中，要扬长避短。最后，过程性。评价要体现在整个教学活动当中，师生要形成过程性和动态性评价的意识和能力，自觉地开展评价，发挥评价的过程发展性功能。发展性评价的终极目的不是检测学生学了多少知识，而是旨在帮助学生增强自信，获得成就感，使他们能够有效地调控自己的学习过程，培养合作精神。

发展性评价的意义主要体现在以下两个方面：第一，有利于学生的发展。课堂教学评价的基本目标之一就是通过切实的评价与诊断，帮助教师积极自主地构建和应用新的教学策略，不断调整教学的组织方法与过程，从而促进学生在认知、情感等方面的全面发展。第二，有利于教师的专业发展。课堂教学评价主体之一就是教师，教师通过评价来进一步提高课堂教学的效率，找到课堂教学中应该改进的地方。因此，课堂教学评价是教师对课堂教学过程与行为的批判性的反思，是教师与同行、专家交流与分享的过程，进一步促进教师的专业发展。

1. 发展性教学评价

基础教育课程改革的核心理念是"以学生的发展为本"。因此，课堂教学评价要以学生的未来发展需要为基础，注重学生在学习过程中的学习状态和情感体验，注重学生主体地位的体现和主体作用的发挥，强调尊重学生完美人格的发展，鼓励发现、探究与质疑，以利于培养学生的创新精神和实践能力。

（1）Daily English Report（每日英语报告）。

课前3分钟，学生的心往往不容易平静下来，利用这段时间让学生进行3分钟的"Daily English Report"，能够充分提高课堂的效率，何乐而不为？学生每天自觉地按照一定的顺序，准备第二天"Daily English Report"，课前可以与教师联系，要么使用投影仪，要么使用计算机，或者在黑板上写下生疏的单词辅助 Report。其他同学根据其表现，运用"Assessment of Daily English Report""每日英语报告评价表"对其进行评价。报告以后，学生可以根据其各项得分以及其他同学的评价再次进行一次自我评价，以确定自己今后努力的方向。最后把这一次的作品、自我评价、同学的评价表一同存档，再与下一次的进行比较，看看自己是否发展、进步了。

（2）Play show（英文短剧表演）。

英文短剧表演是发展性教学评价的一种非常重要的表现形式，通过给学生创设语言实践活动的机会，学生英语的综合语言运用能力和综合素质得到了有力的保证。学生在做中学、动中学，由枯燥、单一、被动地学，转化成积极、主动地学，真正体验到学习英语的快乐，学习英语的成就感。知之者不如好之者，好之者不如乐之者。兴趣的力量是伟大的，学生体验到成功的快乐，享受到智力劳动所带来的快乐。

（3）对学生英语学习中的情感态度、学习策略、文化意识的评价。

英语课堂教学发展性评价除了对语言技能、语言知识进行评价外，还关注情感态度、学习策略和文化意识，突出强调以学生发展为本，关注学生情感，提高人文素养，培养学生学会终身学习。通过对语言学习中情感态度的评价，从中发现不足，调整学习策略，努力提高学习英语的兴趣，引导学生学会学习、自主发展。另外，教师对于学生情感态度和文化意识的评价可以有选择地进行。

2. 发展性教师评价

教育赖以生存与发展的宝贵资源就是教师。同时，也是教育的直接实践者，肩负着传授知识、培育人才、创新知识、发展文化等 系列重任。教师自身素质的高低是教育质量优劣的关键，是教育赖以生存的前提。在课堂教学中，教师作为活动的主导者，其发展的程度直接关系着课堂的质量。因此，对教师进行科学的评价，对于提升教师素质、充分发挥教师的积极性和创造性有着重要的作用。发展性教师评价的立足点不是放在通过鉴定选择奖惩，而是以促进教师发展为最终目的，在双方互相信任的基础上，评价教师在课堂教学中的教学行为，以促进情感投入、互动参与、知识获得以及交流合作等多方面的发展。

采用"我想说"评课策略就是开展发展性教师评价的一种方法。其具体步骤是先由教师对全校师生开一节公开课，第二节课由教研组进行即时评价。在评价过程中，先由执教教师自我评价，介绍本课，并总结亮点与不足，再由其他教师做出评价，最后共同讨论，找到问题的最终解决方法，以此促进该教师的专业发展，其他教师也从中获益匪浅。

四、多角度地运用评价结果的反馈性策略

教师要时刻关注评价对学生学习和教师教学的反馈作用。例如，评价是否促进了学生自主性的发展和自信心的建立？是否反映了学生学习的成就？是否反映了教师教学中的成功与不足？是否反映了学生学习中的问题与不足？

教师要利用评价的反馈信息及时准确地调整教学计划和教学方法。虽然评价是正确的，但未能有效地进行反馈，评价就不能达到预期的目的，而且对学生的学习积极性会造成不利影响。要使课堂评价真正发挥激励和促进的作用，教师应该讲究课堂评价结果的反馈方式和策略，只有这样，才能有效地发挥课堂评价的作用，实现课堂评价的目的。

（一）注重对评价结果的描述

1. 课堂语言评价描述

课堂教学评价语言是指教师在课堂中对学生的回答、作业、演示、表现所作出的评价性语言。新课标认为，教师的评价语言直接影响学生学习的兴趣。

（1）纯语言描述。

①思维发散性课堂评价用语。

教师的教学评价用语主要目的是让学生学会学习，着重发展学生的思维能力。因此，教师的课堂评价用语应该设计一定的启发性用语，关注每一位学生，给每一位学生一个广泛的思维天地。例如，"Looking at this topic, what do you think of it？""After reviewing the text, what have you known about it and what questions do you have in your mind？""As for this question, who would like to have a try？""Listening to him, do you agree with what he said？What's your own opinions？"

②语言赞赏性课堂评价用语。

美国著名心理学家威廉姆斯说过："人类本性最深处的企图之一是期望被赞美、钦佩和尊重。"希望得到尊重和赞美，是人们内心深处的一种愿望。当学生的课堂表现突出时，适当的赞扬可以使学生获得更多成功的情感体验，从而提高学生的自我效能感，有效地促进学生的学习成绩以及个性发展。但是，教师要切记使用的尺度，不要造成任意夸大现

象。如"你的观点太富有想象力，太具有创造性了。我非常赞成你的想法，说说你是怎样想的，好吗？""你们真是好样的，对学习真有耐心，也很有毅力！老师佩服你，为你感到骄傲！"这些语句描写得过于完美了。

③话语鼓励性课堂评价用语。

教师的鼓励性话语既像"兴奋剂"一样使学生昂扬，拥有饱满的学习信心；也像一股暖流，使学生感受到教师的温情，满足他们的成就感，形成浓厚热烈的课堂气氛。例如，在课堂教学过程中，教师要经常运用鼓励性评价用语。一些对英语不太感兴趣的学生，一旦听到教师在课堂中用到这几个词，原来枯燥无味的内容也会变得异彩纷呈。"Well done! Wonderful! Good job! Clever boy girl!"几个简单的短语，往往在教师不经意的流露中，改变了学生的听课情况。此外，赠送小礼品、发表扬信等多种方式，对于学习较为落后的学生尤为适宜。他们能在评价中体验进步，重新认识自我，从而建立自信，投入到学习中来。

④灵活思索性课堂评价用语。

教师在课堂上的一句话，有时会对教学活动的组织及学生的发展产生积极的作用。教师在借鉴这些常用语时，应针对不同问题、不同情况，不同对象和不同风格，抓住时机启发、反思，这样才能充分发挥教学语言的积极评价功能。例如，"Your answers are very good. But would you like to think about other ways to improve our environment?""Is there any other means of making money?"

（2）身势语的运用。

手势、眼神、面部表情等身势语言可以向学生传递关爱的信息，对引起学生的求知欲望、调节课堂气氛、创设温馨的学习环境等起到积极的辅助作用。例如，当学生在课堂活动当中有很大进步时，教师带头鼓掌；给出精彩的回答时，教师竖起大拇指，对其进行表扬。

2. 作业的描述性评价

作业是学生在课堂上所学到的知识的课后延伸，教师要对学生的作业尽量做到"有发必收，有收必改，有改必评，有错必纠"。在课堂上，选取适当的时间来评价学生的作业，加强了师生之间的联系，使学生能够及时了解自己的进步和努力方向。

3. 综合评语的运用

综合性评语，经常是在肯定学生优点的同时，带着尊重的口吻为学生提出建设性的意见，很受学生的欢迎。而对于学习较落后的学生，教师要尽可能地挖掘他们身上的闪光点，使他们保持对英语的信心和兴趣，以轻松、亲切的语气指出他们的不足，并用激励的语言指出努力的目标，并且这个目标要符合他们的认知水平和个性特点。只有如此，学生才能为这个目标而去努力。如果目标太高或太低，优缺点写得太多或过少，学生都会不知从哪下手，失去努力的动力，不利于学生的发展。

（二）　正确运用评价结果的反馈作用

课堂评价的最终反馈不仅包括对学生学习过程的评价，有助于其改进学习，还可以帮助教师改进教学。教师和学生作为课堂教学的"双面体"，评价的信息对于改进教师的教和学生的学都是大有裨益的。

促进学生的改进主要体现在以下方面：一是明确预期的学习成果；二是提供近期的学习目标；三是对学习过程进行反馈；四是帮助学生克服学习困难，调整学习策略。学生的发展和改进需要一个过程，因此对学生某方面的评价不仅仅是一次性反馈，还应该利用评价结果对学生进行一段时间的持续评价，指导学生改进。另一方面，利用评价结果，调整教学策略，改进教学。对于正式评价，教师利用评鉴结果可以判断教学目标的恰当性和可行性、教学资源的可用性，以及教学方法的有效性，制订行动计划，调整和改进下阶段的教学内容、教学策略和教学方法。对于非正式评价，教师可以通过写反思笔记将非正式评价的过程记录下来，使隐含的解释外显化，作为今后改进教学的参考。另外，还可以利用评价结果向家长汇报学生的进步，并为学校的管理和指导提供参考。

第三节　英语教师综合素质有效提高

一、积极构建和谐的师生关系

（一）　和谐师生关系的作用

在英语阅读教学中一定要构建起积极和谐的师生关系。但是，通过相关的调查研究和师生访谈得知，在英语阅读教学中，很多教师往往更多地关注教学内容是否完成、语言知识目标是否达到、教学环节是否合理等方面，往往忽视了课堂上师生之间、生生之间的互动，这非常不利于师生间建立友好和谐的师生关系。

为什么要如此关注和谐友好的师生关系呢？因为学生正处于很特殊的时期，这一阶段的学生既有孩子性格中柔弱需要大人鼓励和帮助的一面，也有迈向成人时那种渴望摆脱大人的掌控、不听教导的一面。面对处于这个特殊阶段的学生，教师应该设身处地为学生着想，使学生感受到学习的乐趣，从而全身心地投入学习。在与学生的交往中，教师要恰当地运用语言和情感等手段，通过倾听学生的心声，及时和学生沟通，交换对事物的观点和意见，彼此信任、彼此尊重，创设和谐友好的学习氛围，形成良好的人际关系。在教学活动中，每时每刻都有学生的情绪在参与，都需要学生有高度的自制力和意志力，如果阅读教学能够触及和满足学生的精神需要，这种教学就能被学生接受，效率自然也就高了。每个人的心里都有自我实现的需要，都渴望进行独立的个人创造，这才是人的所有活动的原动力，是一切行为的决定性因素。如果教师能够真正调动起来这种原动力，就可以在教育中消除师和生、学和做、目的和手段之间的距离和对立，使学习成为乐趣。而且教师应该清楚地认识到，知识不是教师教会的，而是学习者借助于必要的学习资料，在特定情景的感染下，通过自己的感悟而获得的。所以，课堂教学中教师与学生融洽的情感沟通，教师与学生间良好的人际关系是开展有效教学的关键。

（二）构建和谐师生关系的策略

1. 充分理解学生

理解学生乃是教育学生的前提。由于对学生的理解不同，所以教师对学生采取的教学行为也会有所不同。教师对于学生的理解可以分为两个层次：一个是把学生作为一个整体来了解和认识；另一个是对学生个体的了解和认识。其主要内容是如何看待学生的学习和发展过程、智力与人格上的差异及其影响因素，并对学生的行为进行合理的归因。正确地理解学生，需要教师建立起科学的学生观，防止与矫正学生观上的偏差，了解学生身心发展的规律，并使之形成按照这些规律去教育学生的严谨作风。教师应该在理解每一个学生的基础上，对学生的未来发展潜力有所推测、有所期待。这种期待确确实实会影响到学生的发展，所以教师应该在这种互动过程中不断对学生给予积极的期待，从而对学生的发展产生积极的影响，而学生也会相应地向着教师期待的方向发展。为了充分发挥教师期待的积极影响，教师要特别注意以下两点：第一，通过访谈或问卷调查，认真了解学生的特点，善于发现他们的长处，对每个学生都应该建立起积极的期待；第二，教师应该不断自我反省，注意自己的言语、行为和态度，一定要避免因自己的不公正而延误了学生的发展。

2. 关注个体差异

在英语阅读教学的过程中，教师要充分考虑到学生的个别差异，认识到处于不同发展水平的学生有不同的需要，某些教学材料和方式不一定适合所有学生，因此教师要因材施教。在照顾整体教学的同时，要善于抓住学生的个性特点，抓住一切教育契机来与学生进行沟通；在阅读的过程中能达到知行合一，从而拉近师生的心理距离，提高教学效果。师生间的教学交往指的是在学校的教学情境中，师生应该相互交流思想、感情、交流信息和共享信息，这是实现教学目标的基本途径之一。

3. 创设和谐氛围

教师应该积极创设良好的教学氛围，能够沟通、互动、合作和分享的学习共同体。课堂上有教师与学生的沟通，有学生与学生的沟通，有群体与群体的沟通，有群体和个体的沟通。创设一个合作的文化环境，真诚沟通，彼此信赖，发展合作精神和共享意识，激发自信和勇气，实现自我发展。对此，教师可以在英语课堂上多开展一些适合教学内容的小游戏，借助这些小游戏，让学生在游戏过程中既促进了与其他学生的沟通和理解，又学会相互帮助，还在游戏中体验到怎样准确地使用所学语言知识。在课余时间里，教师可以组织学生参加一些小电影配台词、唱歌等活动，学习模仿电影配音的语音、语调和英语语言等活动。通过师生间的教学交往，使师生彼此了解、交互作用，并形成共同的观点和思想，达到师生间融洽的人际沟通，进而协调教与学的认知活动、情意活动，保证教学任务和教学目标的顺利完成。

二、确立学生在教学活动中的主体地位

（一）尊重学生的主体地位

课程应逐步实现学生的学习方式的变革，在实践中学习，促进学生在教师指导下主动地、富有个性地学习。新课程改革后，强调教师要更加关注学生如何学。当学生被视为没有生命的机器人和知识容器时，就很难得到尊重，其主动学习的积极性和创造性的思维能力也会遭到扼杀。我们应该清醒地认识到，只有学生才是进行学习和认知，进行信息加工的真正的主体，只有学生才是学习活动的中心，才是知识意义的主动建构者。学生获取知识的多少取决于学习者是否能够根据自身已有的经验去积极建构知识的能力，教师在学生的意义建构中仅仅能起到帮助和促进的作用。

（二）发挥学生的主体作用

人都有实现自我价值的需要，有自我指导的能力。当学生意识到自己想要成为一个完善的人时，就会爆发出自己的潜力和超强的意志力，充分调动自己的智力因素和非智力因素，竭尽所能来促进自己个性的发展和潜能的发挥；学生就会有意识地根据学习内容来调动自己的情感、观念、价值等非智力因素，增强自己的学习动机，提高学习效果。在英语阅读教学的过程中，教师应努力营造一种积极的课堂气氛，因为课堂气氛是一种综合的心

理状态，如学生的知觉、注意、思维、情绪、意志等很多成分的一种最佳组合，就构成了积极的课堂氛围。在这样的课堂上，学生注意力高度集中，思维活跃，师生双方都有饱满的热情，配合默契，课堂纪律良好。教师在课堂上适时的提醒、恰当的点拨、积极的引导，使得课堂气氛宽松而不涣散，严谨而不紧张，使得学生的主体积极性得到充分的发挥。

学生学习的过程就是其获得知识、发展技能和提升智力的过程。在此过程中，教师要充分重视学生在英语阅读教学中的主体性。每次开新课前，教师最好主动与学生交谈，了解学生对每节英语阅读课的学习预期，确定英语阅读教学的阶段性目标，突出每节阅读教学课的重点和难点，善于激发学生的学习动机。在设计课堂活动时，教师要注重激发学生的学习兴趣，既要营造轻松的课堂氛围，又要为学生提供适当的学习支架，精心设计教学流程，使得教学环节环环相扣、循环递进，逐步引导学生达到教学目标，满足学生的心理预期。学习话题词汇和功能句式之后，要及时为学生创设类似情境，提供当堂互动的机会，让学生能够当堂掌握重点内容，能在真实情境中用上阅读课所学的话题词汇和话题功能句来恰当地表达自己的思想和观点，让学生体会到所学的东西就是能在现实生活中要用到的，学以致用才是学生学习的不懈的动力源泉。

三、建立科学的阅读评价体系

英语阅读形成性评价要适合学生的年龄特点和认知水平。形成性评价的任务应具有综合、语用、合作和思维等方面的特征，而不只是对简单的微观语言行为的评价。评价应更关注学生在完成综合性语言任务中表现出的自主收集信息和处理信息的能力，与人讨论、合作、沟通和协调的能力，有条理地展示任务成果的能力。但是，在目前英语阅读教学中，学生往往是被动地接受评价，并且评价往往就等同于考试。因为目前最常用的评价方式主要就是测试，而测试的试卷主要是靠教师来评判给分，学生的主动性作用得不到充分的利用，忽视了学生间的个体差异，学生家长也很少有参与的机会。通过前面的学生调查问卷和师生访谈记录可以看出，教师在进行评价时，评价内容、评价方式和评价主体都非常单一，不能满足学生多层次、多方面的需要。面对这些问题，可以从以下三方面进行改进。

（一）评价内容多元化

评价的内容除了我们常用的测试考查基本知识之外，还可以有多个方面。其主要体现在以下方面：一是学生对阅读的预习复习状况；二是学生对阅读文本进行综合概括的能力，如图表演示等；三是能否运用阅读中学到的语言和功能句进行口头和书面的应用，如分角色扮演、朗诵背诵等；四是阅读过程中和阅读后进行应用时跟同学间合作协调等方面能力，如项目研究、实验报告等；五是学生阅读过程中思维能力的表现，如课堂表现等；六是学生的自主收集信息和处理信息的能力；七是学生对阅读后开展合作的成果进行展示的能力等。

（二）评价主体多元化

既然学生是学习的主体，就可以充分发挥学生的主体性，让学生成为积极的参与者和愉快的合作者，采用自我评价的方式进行评价。另外，还可以发挥小伙伴、学生家长和任课教师在学生成长发展中的重要作用，采用同伴评价、学生家长评价和教师评价相结合的方式进行评价。

（三）评价方式多元化

采用形成性评价和终结性评价相结合的评价方式，把定性评价和定量评价结合起来。其主要体现在以下六个方面：一是利用学生成长和学习档案袋来记录学生的发展过程；二是学生个人成长反思；三是通过评价学生在活动中的总体表现来进行评价；四是通过个别交谈、小组讨论来了解和评价学生；五是组织演讲辩论等来考查学生的语用能力；六是可以进行测试性评价，如阶段测试、单元测试、随机测试和标准化考试等多种评价方式。

教师在设计阅读教学评价时，一定要关注学生的个体差异性，设计出符合不同层次学生水平的评价目标，允许学生选择适合自己的评价方式，让不同的学生都能有展示自己的机会，有成功的体验。同时，要加大形成性评价的使用，让学生更加关注学习过程。

参考文献

［1］ 薛金凤，耿利红．英语阅读教学方法研究［M］．延吉：延边大学出版社，2022，04．

［2］ 倪锦诚．英语阅读记忆系统交互性［M］．长春：吉林大学出版社，2022，05．

［3］ 张润晗．英语阅读与儿童英语阅读理论与实践［M］．北京：首都师范大学出版社，2022，10．

［4］ 郭淑青．英语阅读与思辨文学篇［M］．西安：西安交通大学出版社，2022，01．

［5］ 陈用仪．英语阅读释疑解惑［M］．北京：中央编译出版社，2022，01．

［6］ 李德俊，徐黎．批判性英语阅读教程［M］．南京：南京大学出版社，2022，10．

［7］ 程莲，华鸿燕．英语应用能力与阅读写作教学［M］．汕头：汕头大学出版社，2021，08．

［8］ 高琳，吴勤，王琪睿．英语教育教学管理与阅读兴趣培养［M］．长春：吉林人民出版社，2021，12．

［9］ 许恒．英语作为第二语言或外语语境下的阅读动机和思维素养研究［M］．广州：世界图书出版广东有限公司，2021，03．

［10］ 陈则航．英语阅读与思维培养［M］．北京：外语教学与研究出版社，2021．

［11］ 敖娜仁图雅．英语阅读教学研究方法［M］．北京：外语教学与研究出版社，2021．

［12］ 王蔷，齐相林．英语阅读素养与教学设计［M］．北京：外语教学与研究出版社，2021．

［13］ 刘进平．英语阅读理解与考试答题技巧［M］．北京：石油工业出版社，2021，12．

［14］ 龚莎，乔燕，秦清玲．英语阅读能力培养理论与策略研究［M］．太原：山西经济出版社，2021．

［15］ 陈则航，李翠．阅读圈在英语阅读教学中的应用［M］．北京：外语教学与研究出版社，2021．

［16］ 罗少茜，蒋宁．持续默读在英语阅读教学中的应用［M］．北京：外语教学与研究出版社，2021．

［17］ 冉力，谌艳，周榕．英语阅读研究寻归自然的乡村情怀［M］．北京：北京师范大学出版社（集团）有限公司，2021，12．

［18］周杰．阅读思辨洞见［M］．上海：上海教育出版社，2021，11.

［19］李惠敏，刘庭华．英语文化阅读与翻译［M］．上海：华东师范大学出版社，2021.

［20］张卓．新媒体英语阅读［M］．苏州：苏州大学出版社，2020，01.

［21］陶亚宁．现代英语阅读与多模态教学融合研究［M］．天津：天津科学技术出版社，2020，05.

［22］邵慧．英语阅读教学"中心框架"模式研究［M］．沈阳：东北大学出版社，2020，11.

［23］李华田，武月琴．英语多维阅读思辨与创新［M］．武汉：武汉大学出版社，2020，08.

［24］牛莉，成旻，龚颖．英语阅读与写作［M］．西安：西安交通大学出版社，2020，09.

［25］王超．英语阅读与教学研究［M］．天津：天津科学技术出版社，2020，05.

［26］罗志高．人工智能英语阅读［M］．北京：外文出版社，2020，04.

［27］曹波．英语阅读训练［M］．武汉：武汉大学出版社，2020，08.

［28］王从遥，李慕祺．英语阅读能力培养研究［M］．北京：中国建材工业出版社，2020，04.

［29］彭蓓．英语阅读与写作教学研究［M］．成都：电子科技大学出版社，2020，07.

［30］亓迪．英语阅读理论与实践策略［M］．长春：吉林大学出版社，2020.

［31］肖平德，刘洪宇，杨玉涛．多维视角下的英语阅读教学研究［M］．长春：吉林大学出版社，2020.

［32］田野，刘立壹，牟彩霞．英语阅读理论探索与多维度翻译教学研究［M］．长春：东北师范大学出版社，2020.

［33］李超，王艳娇，赵春江．多维视角下的任务型英语阅读教学研究［M］．长春：吉林大学出版社，2020.

［34］朱琳琳，杜洪洁，赵蕾．打通英语阅读的经脉［M］．长春：吉林人民出版社，2019，12.

［35］顾锡涛，张媛媛．英语阅读理论与策略概览［M］．上海：复旦大学出版社，2019，01.

［36］黄远振．英语阅读教学与思维发展［M］．南宁：广西教育出版社，2019，11.

［37］朱晓云，李艳，张彭杰．英语阅读与教学研究［M］．北京：北京工业大学出版社，2019，11.

［38］张萍，闫怡恂．英语专业阅读能力标准研究［M］．沈阳：辽宁人民出版社，2019，03.